SemDis 2014: Enjeux actuels de la semantique distributionnelle

(SemDis 2014: Current Challenges in Distributional Semantics)

TALN-RECITAL 2014 Workshop

Marseille, France
1 July 2014

ISBN: 978-1-63439-517-5

Printed from e-media with permission by:

Curran Associates, Inc.
57 Morehouse Lane
Red Hook, NY 12571

CURRAN ASSOCIATES INC.
proceedings.com

Some format issues inherent in the e-media version may also appear in this print version.

Printed by Curran Associates, Inc. (2014)

Association for Computational Linguistics
209 N. Eighth Street
Stroudsburg, Pennsylvania 18360

Phone: 1-570-476-8006
Fax: 1-570-476-0860

acl@aclweb.org

Additional copies of this publication are available from:

Curran Associates, Inc.
57 Morehouse Lane
Red Hook, NY 12571 USA
Phone: 845-758-0400
Fax: 845-758-2634
Email: curran@proceedings.com
Web: www.proceedings.com

TABLE OF CONTENTS

Présentation de l'atelier SemDis 2014 : sémantique distributionnelle pour la substitution lexicale et l'exploration de corpus spécialisés

Cécile Fabre[1] Nabil Hathout[1] Lydia-Mai Ho-Dac [1] François Morlane-Hondère[1]
Philippe Muller[2] Franck Sajous[1] Ludovic Tanguy[1] Tim Van de Cruys[2]

(1) CLLE-ERSS : CNRS & Université de Toulouse
(2) IRIT-MELODI : CNRS & Université de Toulouse

Résumé. Il s'agit d'un article d'introduction aux actes de SemDis 2014, atelier dédié aux méthodes d'analyse sémantique distributionnelle, avec une focalisation sur la construction de ressources distributionnelles en français. Il décrit les deux tâches qui ont été proposées dans le cadre de l'atelier : la première est une tâche compétitive de substitution lexicale, basée sur le corpus FRWAC. La seconde, plus exploratoire, consiste à analyser un corpus spécifique relevant du champ du TAL. Nous rendons compte de l'évaluation des systèmes qui ont participé à la tâche compétitive, et donnons un aperçu de la diversité des méthodes qui ont été utilisées par les participants dans les deux tâches.

Abstract. This is an introductory paper for the proceedings of the SemDis 2014 workshop, dedicated to distributional semantics methods with a focus on the construction of French distributional resources. We describe the two tasks that have been set up : the first one is competitive. It is a French lexical substitution task, based on the FRWAC corpus. The second one is a more exploratory task, which consists in the analysis of a specific corpus in the NLP field. We report an evaluation of the systems participating in the competitive task, and give a broad overview for both tasks of the diverse methods that have been used by the participants.

Mots-clés : Sémantique distributionnelle, substitution lexicale, tâche partagée, évaluation.

Keywords: Distributional semantics, lexical substitution, shared task, evaluation.

1 Introduction

Les méthodes d'analyse distributionnelle fondées sur le principe harrissien sont aujourd'hui largement répandues. Des expérimentations nombreuses ont été menées, sur différentes langues, et des travaux de synthèse ont permis récemment de stabiliser les notions et les procédures relatives au calcul distributionnel (Baroni & Lenci, 2010; Turney & Pantel, 2010). L'organisation de la première édition de l'atelier SemDis dans le cadre de la conférence TALN, en 2013, visait à rassembler des travaux relevant de cette démarche, avec une focalisation sur les expériences menées sur le français. Il nous a paru en effet utile de faire le point sur le domaine français, initialement marqué par l'importance de travaux précurseurs à la fin des années 1990, qui ont appliqué la méthode distributionnelle au traitement de corpus spécialisés (Bouaud *et al.*, 1997; Habert & Zweigenbaum, 2002) [1], avec des moyens et des objectifs assez éloignés de ceux qui caractérisent aujourd'hui le champ, majoritairement dédié au traitement de très grands corpus de toutes natures.

La deuxième édition de l'atelier SemDis, organisée dans le cadre de TALN 2014, poursuit ce même objectif, en proposant aux participants de prendre part à deux tâches spécifiques :

- Une tâche compétitive de substitution lexicale basée sur des données issues du corpus FRWAC ;
- Une tâche exploratoire sur un corpus spécialisé constitué dans le champ du TAL.

La décision d'organiser deux tâches complémentaires est motivée par l'intérêt de confronter les méthodes distributionnelles à deux contextes nettement différents pour l'interprétation et la validation des relations sémantiques : la première

1. On peut évoquer à ce propos l'organisation d'une journée ATALA en 1999 par B. Habert et A. Nazarenko, intitulée *Approche distributionnelle de l'analyse sémantique*.

tâche offre les moyens de réaliser une évaluation de type extrinsèque des systèmes (Baroni & Lenci, 2011), et passe par l'analyse d'un grand corpus pour faire émerger des fonctionnements sémantiques à large échelle ; la deuxième implique le traitement d'un corpus spécialisé de taille relativement réduite, permettant de mettre au jour l'organisation sémantique d'un domaine clos, sur lequel les participants possèdent une expertise qui facilite l'évaluation intrinsèque des résultats.

Nous décrivons successivement les caractéristiques des deux tâches, tout en présentant brièvement les travaux des 6 participants à l'atelier (3 participations pour chaque tâche).

2 Tâche 1 : substitution lexicale

2.1 Présentation

La première tâche proposée dans cet atelier est une adaptation au français de la tâche SemEval 2007 *Lexical substitution*, telle qu'elle est présentée dans (McCarthy & Navigli, 2009). Étant donné un mot-cible dans une phrase complète, il s'agit de proposer une ou plusieurs unités de substitution qui n'altèrent pas le sens global de l'énoncé. Le choix du substitut est libre. Il est ensuite confronté aux réponses fournies par des annotateurs humains.

Par exemple, si l'on considère le mot *feux* dans la phrase [2] :

> *Le policier a été surpris par les* ***feux*** *nourris d'un groupuscule terroriste.*

Un substitut envisageable serait *tirs*.

Par contre, dans la phrase :

> *On y voit aussi comment sont organisés les pompiers forestiers, qui contrôlent les départs de* ***feux*** *de forêts.*

Le mot *incendies* serait plus adapté.

Cette tâche nécessite donc un ensemble d'opérations complexes : non seulement l'identification de mots similaires à la cible (des synonymes, mais pas uniquement) mais aussi la sélection des plus pertinents en fonction du contexte, à la manière des méthodes de désambiguïsation.

Nous avons proposé aux participants d'appliquer une méthode automatique de substitution lexicale à un jeu d'évaluation qui comporte 30 unités lexicales (10 noms, 10 verbes et 10 adjectifs). Pour chaque mot-cible, 10 phrases différentes ont été proposées (soit un total de 300 phrases). Pour chaque phrase, les participants pouvaient proposer jusqu'à 10 mots de substitution, par ordre décroissant de préférence.

Ces phrases ont été sélectionnées dans le corpus FRWAC (voir section 2.2) et nous avons fait appel à des annotateurs humains pour identifier les meilleurs substituts (voir section 2.3). Les soumissions des participants ont donc été évaluées par comparaison avec cette annotation manuelle (voir section 2.4).

2.2 Données

Les 30 mots-cibles du jeu d'évaluation ont été sélectionnés en fonction de leur fréquence (pour garantir l'efficacité de leur analyse distributionnelle), leur polysémie (pour imposer le besoin d'un recours au contexte) et leur substituabilité (pour rendre la tâche accessible aux annotateurs et aux participants). Pour les deux derniers critères, nous nous sommes basés sur les renvois analogiques du Robert présents dans le dictionnaire DicoSyn (Ploux & Victorri, 1998) ci-après RobertSyn.

Au final, les mots sélectionnés vérifient les critères suivants :
- le mot est un nom, adjectif ou verbe présent dans RobertSyn ;
- le lemme du mot a une fréquence supérieure à 500 occurrences dans le corpus FRWAC (Baroni *et al.*, 2009) ;
- le mot est associé à au moins deux sens distincts dans RobertSyn ;
- parmi les synonymes donnés pour chaque sens du mot dans RobertSyn, on trouve au moins deux mots simples (et pas uniquement des locutions) ;
- chaque sens du mot est associé à au moins deux synonymes présentant chacun une fréquence supérieure à 100 occurrences dans le corpus FRWAC.

Le tableau 1 liste les 30 mots-cibles retenus après une sélection manuelle parmi les candidats possibles.

2. Tous les exemples cités dans cet article sont issus du corpus FRWAC et contiennent un mot-cible substituable indiqué en gras.

Noms	Verbes	Adjectifs
affection, capacité, couverture, débit, direction, don, espace, intérêt, montée, vaisseau	*arrêter, commander, entraîner, éplucher, essuyer, faucher, fonder, interpréter, maintenir, taper*	*aisé, compris, grossier, hermétique, incorrect, mince, modeste, obscur, riche, vaseux*

TABLE 1: Les 30 mots-cibles retenus pour la tâche de substitution lexicale

Pour chaque mot-cible, 10 phrases ont été recherchées dans le corpus FRWAC à l'aide du concordancier NoSketch Engine [3] (Rychlý, 2007) afin de représenter sans ambiguïté ses différents sens, sans viser nécessairement un équilibre en nombre d'exemples (voir tableau 2).

sens	n°	phrase
tuer	1	La guerre franco-prussienne **faucha** le jeune artiste à l'âge de 29 ans.
	2	Un psychiatre dont le fils a été **fauché** au front croise un chirurgien qui trie les blessés qu'il opérera et ceux qu'il laissera crever sur place.
renverser	3	Pendant son mandat, un président, conduisant sa propre voiture, **fauche** un piéton et se rend coupable d'un homicide involontaire.
	4	Sur une première offensive italienne, la France récupère le ballon et Zambrotta **fauche** Vieira.
	5	**Fauchée** par une voiture, une promeneuse de 57 ans décède sur le coup, sa belle-soeur est grièvement blessée.
moissonner	6	C'est pourquoi dans les marais, certaines parcelles sont **fauchées** tardivement l'été.
	7	Il y croit, même s'il reste sous le coup d'une condamnation à quatre mois de prison pour avoir **fauché** un champ de maïs transgénique en 2004.
	8	Sa mission : planter (plus de 2 000 arbres), tailler, **faucher**, récolter les fruits, presser les jus pour les propriétaires privés et publics.
voler	9	Louis XV est un mauvais roi parce qu'il s'est laissé **faucher** l'Inde et le Canada par les Anglais.
	10	On picolait un peu - une bouteille d'alcool **fauchée** chez Ceron.

TABLE 2: Les 10 phrases sélectionnées pour représenter les différents sens du mot-cible *faucher*

Le jeu d'évaluation contient ainsi 300 phrases illustrant différents sens des 30 mots-cibles retenus. Les phrases sont nécessairement complètes et bien formées sur le plan syntaxique, aucune correction orthographique ou grammaticale n'a été effectuée. Afin d'éviter les phrases trop longues, certains composants facultatifs situés en début ou fin de phrase ont pu être supprimés, comme dans l'exemple suivant où le composant entre parenthèses a été ôté de la phrase du jeu d'évaluation.

> *C'est pourquoi il se dissimule dans les recoins **obscurs**, guettant le touriste tel la larve de fourmilion ~~(je te rassure, le trou en moins bien sûr...)~~*

De plus, les phrases dans lesquelles le mot-cible apparaissait dans une séquence figée ont été exclues, comme la phrase suivante où le mot-cible *direction* est intégré à la locution *en direction de*.

> *La circulation en **direction** de la Mairie se fera par l'avenue du Maréchal Leclerc.*

Jeu de test. Un jeu de test a été mis à disposition des participants pour la mise au point de leur système. Il s'agit du jeu établi par Van de Cruys *et al.* (2011) et qui concerne 10 noms, avec 10 phrases pour chacun et des substitutions proposées pour chaque phrase. Les 10 noms sélectionnés étaient : *avocat, baie, carrière, feu, glace, livre, pièce, reprise, timbre, voie*. Les phrases étaient également extraites du corpus FRWAC.

2.3 Annotation

L'association de substituts aux mots-cibles pour les 300 phrases du jeu d'évaluation a été réalisée par des annotateurs francophones (étudiants en sciences du langage niveau L3-M2 et chercheurs en linguistique). Chaque phrase a été anno-

3. `http://nl.ijs.si/noske/wacs.cgi/first_form`

tée par 7 annotateurs différents, chacun pouvant proposer un maximum de 3 substituts. Chaque annotateur avait reçu les consignes suivantes :

Bonjour et merci de participer à la campagne d'annotation SemDis.

Cette annotation correspond à une tâche de substitution lexicale.
30 phrases vont vous être présentées. Chacune comporte un nom, un verbe ou un adjectif écrit en rouge. Votre tâche est de trouver des mots qui peuvent se substituer à ce mot en rouge tout en préservant au maximum le sens de la phrase. Vous pourrez proposer jusqu'à 3 substituts, mais si aucun ne vous vient à l'esprit, n'insistez pas et passez à la phrase suivante.

Exemple de phrase	Proposition de substitution
Les trous sont **remplis** de boue.	pleins, gorgés

Les substituts constitués de plusieurs mots sont possibles (ex. 2) mais les mots simples (ex. 1, 3 ou 4) sont à privilégier. Dans la mesure du possible la substitution doit produire une phrase correcte, mais des modifications syntaxiques légères sont tolérées (ex. 3 - changement de préposition, ex. 4 - changement d'ordre des mots).

Exemple de phrase	Proposition de substitution
1. J'ai entendu des **tirs**.	*détonations*
2. J'ai entendu des **tirs**.	*coups de feu*
3. Paul a **échoué** dans sa tentative d'assassinat.	*raté*
4. Le **gros** garçon s'amuse comme un fou.	*obèse*

Bonne substitution !

Le recueil des annotations a été réalisé via l'outil de gestion de questionnaires et d'enquêtes en ligne LimeSurvey [4] (voir figure 1).

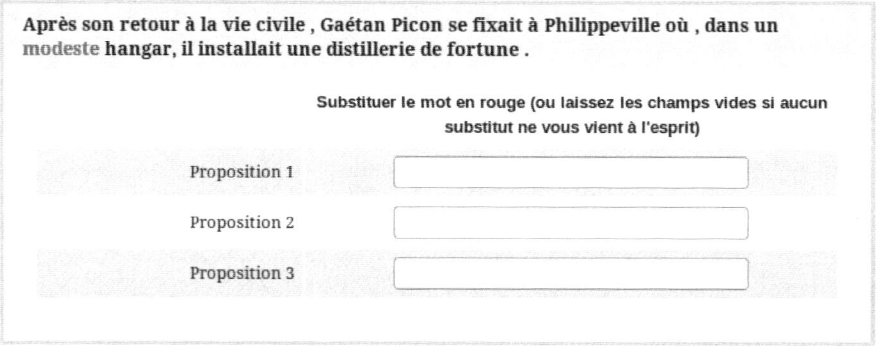

FIGURE 1: Interface d'annotation pour la création du jeu de test

4014 substituts ont été récoltés avec une moyenne de 13 propositions et 7 substituts différents par phrase. Seule une phrase n'a été associée qu'à un substitut : pour la phrase suivante, 3 annotateurs sur 7 ont proposé le mot *peler* comme seul substitut d'*éplucher*, les autres annotateurs n'ayant rien proposé.

> *Olivier Gros, restaurateur, est agacé par le temps mis chaque jour à* ***éplucher*** *et à couper les pommes de terre en diamant (avec des facettes).*

Les données récoltées ont ensuite été nettoyées afin de sélectionner et lemmatiser les substituts du jeu d'évaluation final. Une première validation automatique a permis d'identifier les 3534 propositions qui concernaient exclusivement des substituts mono-lexicaux correctement orthographiés, non ambigus morphologiquement et de même catégorie morpho-syntaxique que le mot-cible. Cette première étape laissait 480 propositions à traiter manuellement.

4. `http://www.limesurvey.org`

Pour les propositions inconnues d'un lexique du français, une correction orthographique automatique a été appliquée, et le résultat soumis à une validation manuelle. Dans le cas des substituts ambigus, les différents lemmes possibles étaient identifiés et sélectionnés manuellement, comme pour le substitut *prise* (donné pour le mot-cible *faucher*) pour lequel les alternatives *prendre* et *priser* étaient possibles. Les substituts relevant d'une catégorie morpho-syntaxique différente de celle du mot-cible n'ont pas été acceptés, comme par exemple la locution *en tant que* proposée comme substitut du nom *capacité* dans la phrase :

> *Faut-il pour accroître la transparence, que les sessions du Conseil soient publiques, en tout cas lorsque le Conseil agit en sa* ***capacité*** *de législateur ?*

Pour les propositions polylexicales (281 récoltées au total) il a été décidé de supprimer les déterminants, pronoms réfléchis et prépositions périphériques et de conserver les termes jugés « essentiels ». Quelques exemples d'unités polylexicales traitées sont donnés ci-dessous :

> *Dans sa dernière édition, la revue Partir en Croisière consacre sa* ***couverture*** *et son dossier aux Fjords & Glaciers.*
> **substitut :** *première page* (proposition initiale : *première page*)
> *Encore appelés inhibiteurs calciques, ces médicaments agissent sur les* ***vaisseaux*** *en entraînant leur relâchement*
> **substitut :** *canal sanguin* (proposition initiale : *canaux sanguins*)
> *J'ai* ***épluché*** *les forums, mais pas de solution à l'horizon, à moins d'investir dans un controlleur RAID onéreux supportant le hot swap.*
> **substitut :** *parcourir* (proposition initiale : *parcouru attentivement*)
> *90 % de ces hommes ont été* ***arrêtés*** *pour des délits liés à la drogue*
> **substitut :** *mettre en examen* (proposition initiale : *mis en examen*)
> *Depuis quinze jours, les services de l'urbanisme ont dû* ***éplucher*** *tous les amendements.*
> **substitut :** *plonger* (proposition initiale : *se plonger dans*)

Les paraphrases couvrant plus que le seul mot-cible ont été exclues du jeu d'évaluation, comme pour le substitut *se trouvait seule face aux* proposé pour la phrase :

> *En élargissant le débat, un membre du public a remarqué que Wikipédia* ***essuyait*** *quasiment seule les critiques de validation de l'information*

Le bilan du nettoyage est donné dans le tableau 3.

Corrections réalisées	Nb
validation automatique	3534
proposition de correction automatique validée manuellement	127
substitut polylexical corrigé manuellement	114
substitut initial conservé	96
substitut initial mal orthographié ou inconnu et corrigé manuellement	81
substitut initial exclu du jeu d'évaluation	53
alternative sélectionnée et validée manuellement	9

TABLE 3: Nettoyage des substituts récoltés

L'accord inter-annotateurs a été calculé sur ces données nettoyées selon les deux mesures utilisées par (McCarthy & Navigli, 2009) :

- **l'accord par paire (*pairwise interannotator agreement*)** mesure la proportion moyenne de réponses identiques pour chaque phrase et pour chaque paire d'annotateurs ;
- **l'accord avec le mode (*mode interannotator agreement*)** mesure la proportion moyenne d'annotateurs qui ont inclus dans leurs réponses le mode, c'est-à-dire la réponse la plus fréquente.

L'accord par paire est de 25,8% et l'accord avec le mode est de 73% [5].

Pour la tâche originale en anglais l'accord par paire mesuré était de 27,75% et l'accord avec le mode de 50,67%. On constate que les taux que nous avons obtenus pour le français sont relativement similaires, avec cependant une très légère baisse au niveau de l'accord par paire et une hausse au niveau de l'accord avec le mode. Ces différences peuvent certainement s'expliquer par le nombre d'annotateurs par phrase : 5 pour la tâche originale contre 7 pour notre tâche.

5. L'accord avec le mode n'est calculé que pour les 77% phrases qui ont un mode.

Le jeu d'évaluation final contient 3961 substituts. Il est disponible librement (sous licence Creative Common) pour des utilisations futures à des fins de recherche [6].

2.4 Évaluation et résultats

2.4.1 Mesures d'évaluation

L'évaluation des soumissions repose sur une comparaison des propositions avec les substituts fournis par les annotateurs. Pour ce faire, nous avons utilisé les mêmes mesures que la tâche SemEval 2007 *Lexical substitution*, à savoir les deux mesures *best* et *oot* (*out of ten*).

- **best** : le système est évalué par rapport à une seule substitution (la meilleure proposition du système, indiquée en premier dans la liste). Le meilleur score est obtenu en proposant le substitut qui est choisi majoritairement par les annotateurs.
- **oot** (*out of ten*) : les soumissions comportent jusqu'à 10 propositions pour chaque mot (sans ordre particulier) et le score calculé correspond au nombre de réponses des annotateurs couvertes par ces propositions. Il n'y a donc aucune pénalité à ajouter des propositions (dans la limite de 10). Ce score permet de mieux prendre en compte la dispersion des réponses des annotateurs.

Pour mieux comprendre les mesures d'évaluation, prenons les annotations d'un exemple du jeu d'évaluation, l'adjectif *mince* (n° 17) :

annotateur (n°)	1	2	3	4	5	6	7
substituts proposés	*étroit*	*étroit*	*étroit, fin*	*étroit, fin*	*étroit, petit*	*fin, petit*	*fin*

L'ensemble des réponses agrégées est $H_i = \{$*étroit, étroit, étroit, étroit, étroit, fin, fin, fin, fin, petit, petit*$\}$, et les fréquences associées pour chaque type unique sont $\{$*étroit : 5, fin : 4, petit : 2* $\}$.

Pour calculer le score **best**, on utilise la formule suivante :

$$best(i) = \frac{freq_i(a_i^{best})}{|H_i|} \tag{1}$$

Donc, si un système propose comme meilleur substitut $a_i^{best} =$ *étroit*, il obtient pour cette phrase un score de $\frac{5}{11} = 0,45$. Si le substitut est *petit*, le score est de $\frac{2}{11} = 0,18$. Notons que la valeur maximale possible pour chaque item dépend de la dispersion des réponses des annotateurs.

Pour calculer le score **oot**, on utilise la formule suivante pour évaluer l'ensemble A_i des propositions d'un système pour la phrase numéro i :

$$oot(i) = \frac{\sum_{a \in A_i} freq_i(a)}{|H_i|} \tag{2}$$

Donc, si un système propose comme ensemble de propositions $\{$*fin, petit, épais*$\}$, on obtient pour l'exemple *mince* (n° 17) un score de $\frac{4+2+0}{11} = 0,55$.

Les scores globaux pour un système sont les valeurs moyennes calculées pour les 300 phrases du jeu de test.

Les substituts polylexicaux contenus dans le jeu d'évaluation n'ont pas fait l'objet d'un traitement spécial. Seules les soumissions correspondant parfaitement au substitut ont été considérées comme étant similaires, comme par exemple, la proposition *mettre fin* et le substitut d'évaluation *mettre fin*, mais pas la proposition *canal* et le substitut *canal sanguin*.

Traitement des soumissions Avant d'appliquer les mesures d'évaluation ci-dessus, nous avons traité les soumissions des participants afin de les harmoniser avec les choix effectués lors de l'annotation (voir section précédente). Nous avons donc appliqué les transformations suivantes :

6. `http://www.irit.fr/semdis2014/fr/task1.html`

- les formes verbales à l'infinitif proposées comme substituts d'un adjectif ont été remplacées par le participe passé. Par exemple, si le système propose *modérer* comme substitut à *modeste*, c'est la forme *modéré* qui sera prise en compte ;
- les verbes pronominaux sont ramenés à la forme principale (si le système a proposé *s'appuyer* comme substitut à *fonder*, c'est la forme *appuyer* qui sera considérée).

Ces traitements ont été faits de façon semi-automatique sur l'ensemble des soumissions avec une vérification manuelle.

Nous avons mis à disposition les données d'évaluation, le script de calcul des scores et les détails des procédures de traitement sur le site Web de la tâche.

2.4.2 Résultats

Nous avons reçu un total de 9 soumissions de 3 participants :

- *Proxteam* (Yann Desalle, Emmanuel Navarro, Yannick Chudy, Pierre Magistry et Bruno Gaume) : 3 soumissions
- *CEA* (Olivier Ferret) : 5 soumissions
- *Alpage* (Kata Gábor) : 1 soumission

Les soumissions de *Proxteam* sont fondées sur des balades aléatoires dans des graphes, qui sont construits à partir de différentes ressources, lexiques (*jeux de mots* et *DicoSyn* pour Proxteam_JDM_Syn) et corpus (*Le Monde* pour Proxteam_LM).

Les soumissions de *CEA* sont fondées sur des modèles de langage neuronaux, où le modèle de neurones estime la probabilité d'un mot en fonction de la séquence de mots qui le précède. Les candidats substituts sont générés à partir de lexiques (*word XP* et *DicoSyn*) et d'un thésaurus distributionnel (*FreDist*).

La soumission d'*Alpage* (*WoDis*) exploite également ces deux types de ressources : la base lexicale *Wolf* est utilisée comme ressource principale, complétée par un thésaurus distributionnel construit à partir de la version française de l'encyclopédie Wikipédia en cas de couverture insuffisante.

Nous avons inclus dans les résultats présentés ici une *baseline* qui utilise la méthode suivante :
- pour chaque mot à substituer, on sélectionne dans le dictionnaire DicoSyn l'ensemble de ses synonymes en ne prenant que les mots simples en compte ;
- ces synonymes sont ordonnés suivant leur fréquence décroissante dans le corpus FRWAC, en limitant les réponses aux 10 premiers synonymes.

Cette *baseline* ne prend aucunement en compte le contexte de la phrase, les réponses sont donc identiques pour toutes les phrases correspondant à un même mot-cible.

La table 4 montre les résultats globaux des systèmes participants et de la *baseline* sur les 300 phrases du jeu d'évaluation. Les soumissions sont classées par ordre décroissant du score *best*.

	best	**oot**
Proxteam_JDM_Syn	.097	.402
CEA_list-word_cos_sent	.075	.236
Proxteam_AxeParaProx_JDM_Syn	.065	.357
Alpage_WoDiS	.063	.205
Proxteam_LM	.051	.212
baseline	.045	.325
CEA_list-fredist_cos_sent	.040	.236
CEA_list-isc_cos_w2	.037	.284
CEA_list-isc_cos_sent	.033	.287
CEA_list-isc_l2_sent	.010	.231

TABLE 4: Résultats globaux des systèmes participants

La table 5 montre les résultats par catégorie grammaticale des systèmes participants (par ordre décroissant du score *best* pour les noms).

	best			oot		
	Nom	*Adj.*	*Verbe*	*Nom*	*Adj.*	*Verbe*
Proxteam_JDM_Syn	.110	.106	.075	.398	.429	.379
CEA_list-word_cos_sent	.075	.074	.076	.195	.245	.268
Proxteam_AxeParaProx_JDM_Syn	.055	.054	.087	.311	.396	.363
Alpage_WoDiS	.054	.072	.061	.191	.211	.213
Proxteam_LM	.052	.040	.061	.233	.166	.237
baseline	.044	.040	.052	.294	.336	.344
CEA_list-fredist_cos_sent	.032	.028	.060	.181	.225	.303
CEA_list-isc_cos_w2	.030	.041	.041	.243	.281	.329
CEA_list-isc_cos_sent	.025	.034	.040	.233	.287	.340
CEA_list-isc_l2_sent	.004	.012	.015	.163	.230	.300

TABLE 5: Résultats par catégorie grammaticale des systèmes participants

Il apparaît donc que c'est le système de l'équipe ProxTeam basé sur des ressources lexicales qui obtient les meilleurs résultats pour cette campagne. On peut toutefois observer des variations importantes de chaque système d'une catégorie grammaticale à l'autre, et bien entendu d'un mot-cible ou phrase à un autre. Ceci nous encourage dans un avenir proche à regarder plus en détails les données récoltées afin de mieux identifier les configurations difficiles et ainsi mieux comprendre les comportements locaux des méthodes appliquées.

3 Tâche 2 : exploration sur le corpus TALN

La deuxième tâche est une tâche exploratoire qui propose aux participants d'examiner plus en détail les résultats de méthodes distributionnelles sur un corpus spécialisé de petite taille.

Pour cela, nous avons proposé aux participants d'utiliser un corpus commun constitué d'une sélection d'articles en français issus des conférences TALN et RECITAL sur la période 2007 à 2013. Il contient environ 2 millions de mots répartis dans 584 articles. Ce corpus est la propriété de l'ATALA ; il a été rassemblé par Florian Boudin (LINA, Université de Nantes) et mis en forme par Ludovic Tanguy (CLLE-ERSS, Université de Toulouse). Pour plus d'information sur le corpus (son origine et son contenu), voir (Boudin, 2013) ; les données elles-mêmes sont disponibles et utilisables librement à des fins de recherche [7].

Nous avons invité les participants à déployer une ou plusieurs techniques d'analyse distributionnelle sur ce corpus, avec les prétraitements et annotations de leur choix. Ceux-ci ont donc pu analyser ce corpus selon leurs objectifs propres, et étudier les phénomènes sémantiques qui leur ont paru les plus pertinents (mise au jour de la polysémie, d'une organisation terminologique, étude de relations sémantiques spécifiques, compositionnalité, etc.). Nous avons cependant demandé, pour illustrer la démarche et les résultats, de privilégier la discussion autour d'un ensemble de mots que nous avons sélectionnés dans le but de faciliter les échanges.

Les mots que nous avons sélectionnés sont les suivants (avec leur fréquence dans le corpus indiquée entre parenthèses) :

1 Verbe	*calculer* (1235)
2 Adjectifs	*complexe* (766), *précis* (376)
5 Noms	*fréquence* (947), *graphe* (1116), *méthode* (3808), *sémantique* (413), *trait* (1806)

Ces mots ont été choisis selon les critères suivants :
- une fréquence minimale pour permettre de déployer confortablement des méthodes distributionnelles classiques ;
- un lien clair avec le domaine du corpus (le TAL) ;
- un potentiel (intuitif) à illustrer un panel de phénomènes sémantiques ; certains mots sont très spécifiques (*graphe*), d'autres ont a priori de nombreux synonymes (*méthode*), d'autres sont polysémiques (*trait*, *précis*), certains ont des acceptions particulières dans ce domaine par rapport à un discours plus général (*trait*, *fréquence*), quant à *sémantique*, il est notoirement difficile à cerner.

7. http://redac.univ-tlse2.fr/corpus/taln.html

Trois équipes se sont prêtées à l'exercice et ont appliqué des méthodes différentes pour examiner le comportement distributionnel de ces 8 mots.

- Ann Bertels et Dirk Speelman ont utilisé une méthode par cooccurrence, en calculant une mesure de similarité basée sur les cooccurrents de deuxième et troisième ordre, et proposé une approche par visualisation des voisins de chacun des 8 mots.
- Gabriel Bernier-Colborne a également utilisé une méthode par cooccurrence (HAL) et sélectionné les voisins les plus proches en faisant varier les différents paramètres impliqués dans le calcul de similarité.
- Cécile Fabre, Nabil Hathout, Franck Sajous et Ludovic Tanguy ont, quant à eux, basé leur approche sur l'exploitation d'une analyse syntaxique, en faisant également varier plusieurs paramètres.

Comme chaque participant a déployé plusieurs configurations (afin notamment d'identifier les paramètres les plus adaptés en fonction du corpus et/ou des mots), c'est en fait une très grande variété d'approches qui ont été appliquées sur ces données. La question de l'interprétation des résultats de ces différentes méthodes est bien entendu cruciale dans l'évaluation ou la comparaison de ces approches. On retrouve là aussi plusieurs façons d'aborder cette question :

- Bertels et Speelman utilisent des représentations graphiques pour pouvoir interpréter les cooccurrents obtenus, et ainsi identifier ceux qui ont un comportement atypique. Pour ce faire ils ont également recours à une observation des contextes correspondants.
- Bernier-Colborne montre (sur un autre corpus) comment des ressources lexico-ontologiques peuvent être utilisées comme données de référence, lorsqu'elles existent (ce qui est le cas pour certains domaines, dont celui de l'environnement qui est utilisé dans l'article). Il montre également comment ces méthodes permettent de dégager des différences et des similarités entre les emplois d'un même mot dans deux domaines différents.
- Fabre et ses collègues ont, quant à eux, eu recours à une annotation manuelle des données pour pouvoir évaluer les différentes méthodes qu'ils ont déployées, et montrent les différences de performance de celles-ci en fonction des mots-cibles et de leur catégorie.

Nous remercions les différents participants pour avoir accepté de jouer le jeu, et espérons que cette première expérience partagée permettra de dégager des principes communs concernant l'utilisation de ces méthodes sur des corpus spécialisés. Il semble en tout cas que le choix d'un domaine spécialisé pour lequel nous possédons tous une compétence interprétative avancée est un atout pour des approches qui, à ce stade, ne peuvent être au final que qualitatives.

Remerciements

Merci à Florian Boudin pour la constitution des archives TALN et au conseil d'administration de l'ATALA qui nous a autorisé à en faire un corpus distribuable et utilisable.

Nous tenons à remercier l'ATILF pour nous avoir permis d'utiliser les dictionnaires qui composent DicoSyn, et notamment les renvois analogiques du dictionnaire *Le Grand Robert* (édition de 1985).

Nous remercions enfin les collègues et étudiants qui ont participé à la campagne d'annotation de la tâche de substitution lexicale.

Références

BARONI M., BERNARDINI S., FERRARESI A. & ZANCHETTA E. (2009). The WaCky wide web : a collection of very large linguistically processed web-crawled corpora. *Language Resources and Evaluation*, **43**(3), 209–226.

BARONI M. & LENCI A. (2010). Distributional memory : A general framework for corpus-based semantics. *Computational Linguistics*, **36**(4), 673–721.

BARONI M. & LENCI A. (2011). How we BLESSed distributional semantic evaluation. *Proceedings of the GEMS 2011, Workshop on GEometrical Models of Natural Language Semantics*, p. 1–10.

BOUAUD J., HABERT B., NAZARENKO A. & ZWEIGENBAUM P. (1997). Regroupements issus de dépendances syntaxiques en corpus : catégorisation et confrontation à deux modélisations conceptuelles. In *Actes de 1re journées Ingénierie des Connaissances*, p. 207–223, Roskoff.

BOUDIN F. (2013). TALN Archives : une archive numérique francophone des articles de recherche en Traitement Automatique de la Langue. In *Actes de TALN*.

HABERT B. & ZWEIGENBAUM P. (2002). Contextual acquisition of information categories. *The Legacy of Zellig Harris : Language and information into the 21st century*, **2**, 203.

MCCARTHY D. & NAVIGLI R. (2009). The English lexical substitution task. *Language Resources and Evaluation*, **43**(2), 139–159.

PLOUX S. & VICTORRI B. (1998). Construction d'espaces sémantiques à l'aide de dictionnaires de synonymes. *Traitement Automatique des Langues*, **39**(1), 161–182.

RYCHLÝ P. (2007). Manatee/bonito - a modular corpus manager. In *1st Workshop on Recent Advances in Slavonic Natural Language Processing*, p. 65–70 : Brno : Masaryk University.

TURNEY P. & PANTEL P. (2010). From frequency to meaning : Vector space models of semantics. *Journal of Artificial Intelligence Research*, **37**(1), 141–188.

VAN DE CRUYS T., POIBEAU T. & KORHONEN A. (2011). Latent vector weighting for word meaning in context. In *Proceedings of the Conference on Empirical Methods in Natural Language Processing*, p. 1012–1022 : Association for Computational Linguistics.

BACANAL : Balades Aléatoires Courtes pour ANAlyses Lexicales
Application à la substitution lexicale

Yann Desalle[1] Emmanuel Navarro[2] Yannick Chudy Pierre Magistry[3, 4] Bruno Gaume[5]
(1) ATILF, CNRS, Université de Lorraine
(2) IRIT, CNRS, Université de Toulouse
(3) Graduate Institute of Linguistics, National Taiwan University
(4) LPL, CNRS, Aix Marseille Université
(5) CLLE-ERSS, CNRS, Université de Toulouse
yann.desalle@gmail.com, navarro@irit.fr, ychudy@gmail.com, pmagistry@gmail.com, gaume@univ-tlse2.fr

Résumé. Nous proposons ici des méthodes de désambiguisation sémantique par substition lexicale pour la tâche 1 de l'atelier SemDis2014. Les méthodes exposées dans ce papier sont toutes bâties à partir de balades aléatoires courtes dans des graphes unipartis ou bipartis construits sur diverses ressources. Certaines de ces méthodes n'utilisent que des graphes construits automatiquement à partir de corpus (*méthodes non supervisées*), d'autres utilisent des graphes construits à partir de ressources produites « à la main » par des lexicographes ou par les foules (*méthodes supervisées*).

Abstract. In this paper, we propose word sense disambiguation methods based on lexical substitution and used for the task 1 of the SemDis2014 workshop. This methods are run by using short random walks on unipartite networks or bipartite networks. Some of these methods only use graphs automatically built from corpora (*unsurpervised methods*), others also use graphs built from handcraft resources filled by lexicographers or by the crowds (*supervised methods*).

Mots-clés : désambiguisation sémantique, substition lexicale, réseaux lexicaux, balades aléatoires courtes.

Keywords: word sense disambiguation, lexical substitution, lexical networks, short random walks.

1 Introduction

Depuis l'article de (McCarthy, 2002), la tâche de substitution lexicale s'est répandue : elle est de plus en plus utilisée dans des tâches telles que, par exemple, la désambuiguisation sémantique (McCarthy & Navigli, 2009) ou l'interprétation automatique de métaphores (voir (Desalle *et al.*, 2009; Desalle, 2012) pour le français et (Shutova, 2010; Shutova *et al.*, 2012) pour l'anglais).

Nous proposons ici des méthodes de désambiguisation sémantique par substitution lexicale pour la tâche 1 de l'atelier SemDis2014 [1], adaptation pour le français de la tâche 10 de SemEval2007 (McCarthy & Navigli, 2007) à la suite de (Van de Cruys *et al.*, 2011). La particularité de cette tâche est de ne pas fournir à l'avance l'inventaire des substituts possibles à ordonner en fonction des contextes d'occurrence de l'item à désambiguïser : cette inventaire est à déterminer en amont par le système.

Les méthodes de désambiguisation par substitution lexicale développées jusqu'à aujourd'hui pour cette tâche se répartissent en deux catégories : (a) d'une part les méthodes qui s'appuient sur des ressources lexicales construites à la main telles que WordNet (Fellbaum, 1998), le Rodget's Thesaurus, le Macquarie Thesaurus etc. pour déterminer l'inventaire des candidats-substituts (à l'aide de filtres du type « synonymes seulement ») avant de les ordonner par des méthodes non-supervisées (Zhao *et al.*, 2007; Hassan *et al.*, 2007; Giuliano *et al.*, 2007; Yuret, 2007; Dahl *et al.*, 2007; Mohammad *et al.*, 2007; Hawker, 2007) ou semi-supervisées (Martinez *et al.*, 2007; Hassan *et al.*, 2007) et, (b) d'autre part, les méthodes entièrement non-supervisées qui ne reposent que sur l'analyse de corpus de textes sans ressources lexicales pour

1. `http://www.irit.fr/semdis2014/fr/`

prédéfinir l'inventaire des substituts possibles (Van de Cruys *et al.*, 2011). Le premier type d'approche est, de loin, le plus fréquent.

Dans cet article nous présentons une batterie de méthodes « simples » basées sur les balades aléatoires dans les réseaux lexicaux qui, par un système d'agrégation adapté à la tâche, constituent les méthodes proposées pour SemDis2014 (une supervisée [2] et une non-supervisée [3]). Notons toutefois que dans nos méthodes supervisées l'inventaire des candidats comprend la totalité des unités lexicales constitutives de la ressources lexicales utilisée (aucun filtre n'est utilisé).

La section 2 décrit le fonctionnement général de ces méthodes, la section 2.2 explique comment les balades aléatoires dans les réseaux génèrent une « vision » de proximité d'un sommet quelconque du réseau sur le reste de son réseau. Après avoir présenté en section 3 les réseaux lexicaux à partir desquels nous calculons ces « visions » de proximité, nous décrivons en section 4 l'ensemble des méthodes simples et leurs agrégations en deux méthodes supervisée et non-supervisée soumises à la tâche 1 de SemDis2014 ainsi que les résultats de leurs évaluations sur cette tâche. Enfin, en section 5, nous comparons, avec des données simples et controlées, les visions par balades aléatoires courtes aux visions par similarités construites sur une analyse en composantes principales. Nous concluons en section 6.

2 Méthodologie

Les neuf méthodes BACANAL exposées dans ce papier sont toutes bâties à partir de balades aléatoires courtes dans des réseaux unipartis ou bipartis construits sur diverses ressources. Si au moins un des graphes utilisés pour une méthode a été construit à partir de ressources produites « à la main » par des lexicographes ou par les foules alors cette méthode sera dite *supervisée*, et *non supervisée* [4] si elle n'utilise que des graphes construits automatiquement à partir de corpus.

Pour une phrase P dont ω est le mot à substituer, une méthode *simple* M_i sur un réseau lexical G produit un vecteur de réels $M_i(G,P,\omega)$ sur un ensemble V de mots de même partie du discours (PoS) que ω (ces méthodes sont dites *simples* dans la mesure où elles n'utilisent qu'un seul réseau lexical).

Deux méthodes M_i et M_j peuvent être *agrégées* en une méthode M_k. Par exemple si M_i est une méthode simple appliquée sur un réseau lexical G_1 et M_j est une méthode simple appliquée sur un réseau lexical G_2 alors l'agrégation des deux méthodes M_i et M_j consiste à combiner les deux vecteurs $M_i(G_1,P,\omega)$ et $M_j(G_2,P,\omega)$ en un vecteur $Agreg(M_i(G_1,P,\omega),M_j(G_2,P,\omega))$ qui, comme les deux vecteurs $M_i(G_1,P,\omega)$ et $M_j(G_2,P,\omega)$, est un vecteur de réels sur le même ensemble V de mots de même PoS que ω. Différents types d'agrégations peuvent être utilisées et sont décrites en section 4.2.

Par exemple, pour le mot ω =*fonde* à remplacer dans la phrase [5] P =« *Et cette confiance fonde la responsabilité du praticien.* », la méthode ϑ_9 exposée en section 4.2, fournit un vecteur dont les 10 verbes de plus fortes coordonées rangés en ordre décroissant sont :

établir, **constituer**, **créer**, former, instituer, **assurer**, mettre, **instaurer**, **poser**, construire.

La méthode ϑ_9 est celle qui, selon les évaluations de SemDis2014, propose les meilleures listes de substituts (les mots en gras sont les subtituts de *fonde* dans la phrase P qui ont été proposés par la méthode ϑ_9 et par au moins deux des évaluateurs de SemDis2014).

Nous exposons ci-dessous le cœur des méthodes BACANAL bâties à partir de balades aléatoires courtes dans des réseaux lexicaux.

2.1 Notations préliminaires

Un graphe $G=(V,E)$ est la donnée d'un ensemble non vide fini V de sommets, et d'un ensemble $E \subseteq V \times V$ de couples de sommets formant des arêtes :
– $n=|V|$ est l'*ordre* de G (son nombre de sommets),

2. Méthode qui s'appuie sur des ressources lexicales de type dictionnairique.
3. Méthode de catégorie (b).
4. Cette dénomination peut cependant être abusive dans la mesure où le système automatique pourrait éventuellement utiliser dans sa chaîne de traitements des ressources construites « à la main », par exemple quand la chaîne de traitements utilise un analyseur syntaxique qui lui même utilise des ressources construites « à la main ».
5. C'est la phrase numéro 93 du jeu de test fourni par SemDis2014.

- $m = |E|$ est la *taille* de G (son nombre d'arêtes),
- le graphe est *biparti* lorsqu'il existe deux ensembles $V_\top \subset V$ et $V_\bot \subset V$ tels que :
  - $V_\top \cup V_\bot = V$ et $V_\top \cap V_\bot = \emptyset$: V est l'union de deux ensembles d'intersection vide ;
  - $E \subseteq (V_\top \times V_\bot) \cup (V_\bot \times V_\top)$: il n'existe pas d'arête entre les sommets de $V_\bot$ ni entre les sommets de $V_\top$.

  On notera alors un tel graphe biparti : $G = (V_\top, V_\bot, E)$. Par ailleurs, un graphe $G = (V, E)$ est dit *pondéré* lorsque chaque arête $(r, s) \in E$ est valuée par un poids $w(r, s) \in \mathbb{R}^+$. On notera alors un tel graphe pondéré $G = (V, E, w)$.

2.2 Balades aléatoires

Soit $G = (V, E, w)$ un graphe pondéré de n sommets et m arêtes où chaque arête $(i, j) \in E$ est pondérée par un poids $w(i, j) \in \mathbb{R}^+$. On attribue à chaque sommet du graphe un vecteur de coordonnées dans $\mathbb{R}^n$ qui représente la « vision » qu'a le sommet en question sur le reste du graphe. Pour modéliser la « vision » qu'a un sommet sur le reste du graphe, nous considérons un marcheur se baladant aléatoirement en suivant les arêtes du graphe. La distribution de probabilité de la position de ce marcheur est donnée par la chaîne de Markov associée au graphe. Cette chaîne de Markov est définie par la matrice de transition A (équation 1) où $W(u)$ est la somme des poids des arêtes partant de u, soit $W(u) = \sum_{v \in V} w(u, v)$.

$$A = (a_{u,v})_{u,v \in V} \quad avec \quad a_{u,v} = \begin{cases} \frac{w(u,v)}{W(u)} & \text{si } (u,v) \in E \\ 0 & \text{sinon} \end{cases} \tag{1}$$

Si P_0 est la distribution de probabilité initiale du marcheur (c'est-à-dire un vecteur de dimension $n = |V|$ où $[P_0]_u$ est la probabilité de présence sur u au temps $t = 0$) alors la distribution de probabilité du marcheur après t pas est $P_t = P_0 A^t$ (le produit du vecteur P_0 de dimension n par la matrice A^t de dimension $n \times n$.)

Pour modéliser la « vision » qu'a un sommet $u \in V$ à un instant t donné sur le reste du graphe G, on définit le vecteur $\vartheta(G, u, t) = \delta_{\{u\}} A^t$ comme la distribution de probabilité d'un marcheur ayant effectué t pas depuis u, où δ_X est l'équi-probabilité d'être sur un des sommets de X (δ_X est un vecteur-ligne de dimension $|V|$ contenant la valeur 0 sur toutes ses coordonnées, excepté celles correspondant aux sommets de X qui valent $\frac{1}{|X|}$).

Si $[\vartheta(G, u, t)]_r > [\vartheta(G, u, t)]_s$ c'est que le sommet u « voit mieux » le sommet r que le sommet s, et la « vision » qu'a le sommet u en question sur les sommets de V est entièrement gouvernée par la structure du graphe $G = (V, E, w)$.

Si le graphe est apériodique, ce vecteur $\vartheta(G, u, t)$ converge quand $t \to \infty$. Cette limite correspond en fait à la version la plus simple du PageRank (Brin & Page, 1998; Manning *et al.*, 2008). Notons que cette limite ne dépend plus du sommet de départ, c'est-à-dire que $\forall u, r \in V, \lim_{t \to \infty} \vartheta(G, u, t) = \lim_{t \to \infty} \vartheta(G, r, t)$ et donne une information globale [6] sur le graphe (quels sont les sommets les plus « importants »).

À l'inverse, pour $t = 1$, $\vartheta(G, u, 1)$ correspond à une version normalisée du vecteur d'adjacence du sommet u. Cette information est alors complètement locale, puisque ce vecteur ne dépend que du strict voisinage de u (u ne voit que ses voisins). Il est possible d'utiliser ce vecteur comme modèle, on a alors une modélisation vectorielle classique. Cependant cette modélisation ne prend en compte qu'une vision extrêmement locale de la topologie du graphe depuis u.

En revanche, lorsqu'on effectue des balades de temps courts ($3 \leqslant t \leqslant 8$), $\vartheta(G, u, t)$ dépend d'un voisinage plus large. Dans ce cas, même si deux sommets n'ont aucun voisin immédiat en commun, la ressemblance potentielle des voisins de leurs voisins peut amener ces deux sommets à « mieux se reconnaître ». $\vartheta(G, u, t)$ est alors une « vision de proximité », un compromis, entre une « vision trop locale » ($t = 1$) et une « vision trop globale » ($t \to \infty$).

Afin de généraliser la « vision » que peut avoir un ensemble S quelconque à un instant t donné sur le reste du graphe G, on définit le vecteur :

$$\vartheta(G, S, t) = \begin{cases} \delta_{S \cap V} A^t & \text{si } S \cap V \neq \varnothing \\ \vec{0} & \text{sinon} \quad \textit{où } \vec{0} \textit{ est le vecteur nul de dimension } |V| \end{cases} \tag{2}$$

6. Tout sommet a alors la même « vision ». Par exemple si G est un graphe non pondéré, réflexif et symétrique, alors le sommet qui est toujours « le mieux vu » par tous les autres sommets est le sommet de plus fort degré (voir (Gaume, 2004)).

3 Réseaux lexicaux

Deux types de réseaux lexicaux ont été utilisés pour la construction de nos méthodes BACANAL : (a) des réseaux construits à partir ressources de type dictionnairiques réalisées à la main par des lexicographes ou par les foules et (b) des ressources construites par analyse distributionnelle de corpus de textes.

Réseaux lexicaux construits à partir de la ressource *DicoSyn* : La ressource *DicoSyn* a été construite lors d'un projet collaboratif entre IBM et l'Institut National de la Langue Française [7]. A partir de sept dictionnaires classiques (Bailly, Benac, Du Chazaud, Guizot, Lafaye, Larousse et Robert) ont été extraites les relations synonymiques, puis le graphe ainsi obtenu **Gdsyn** a été réflexivisé, symétrisé et catégorisé par PoS en trois graphes $\mathbf{Gdsyn_A}$, $\mathbf{Gdsyn_N}$, $\mathbf{Gdsyn_V}$, les caractéristiques générales de ces graphes sont décrites dans la table 2.

Réseaux lexicaux construits à partir de la ressource *Jeux De Mots* : La ressource *Jeux De Mots* [8] est construite par les foules en utilisant un jeu décrit dans (Lafourcade, 2007). Les joueurs doivent trouver le plus de mots possible qui sont associés à un terme présenté à l'écran, selon une règle prévue par le jeu. Le but est de trouver autant d'associations sémantiques que possible que les autres joueurs ont trouvées, mais que le joueur concurrent n'a pas trouvées. Plusieurs règles peuvent être proposées, y compris la *synonymie* et l'*association libre*. Les résultats recueillis en janvier 2014 permettent de construire un graphe de mots liés par des relations sémantiques typées (selon les règles du jeu). $\mathbf{GjdmS_A}$, $\mathbf{GjdmS_N}$, $\mathbf{GjdmS_V}$ sont les graphes de synonymie et **GjdmA** est le graphe d'association libre, tous les quatre construits à partir de la ressource *Jeux De Mots*. Ces quatre graphes sont réflexivisés, symétrisés et non pondérés et leurs caractéristiques générales sont décrites dans la table 2.

Réseaux lexicaux construits à partir de la ressource *LM10* : La ressource *LM10* construite par Benoît Habert est un corpus de 200 millions de mots, constitué des articles du journal *Le Monde* des années 1991 à 2000.

Une analyse syntaxique en dépendance de LM10 a été réalisée au sein du laboratoire CLLE [9] par l'analyseur syntaxique probabiliste *Talismane* [10] (Urieli, 2013). Pour fonctionner dans une langue **L** donnée, *Talismane* a besoin d'un lexique de **L** [11], d'un ensemble d'étiquettes des parties du discours de **L** [12] , d'un ensemble de traits et d'un ensemble de règles spécifiques à **L**. La version que nous utilisons ici a été entraînée pour le français sur le French TreeBank [13] (Abeillé *et al.*, 2003). En entrée, *Talismane* prend un texte brut et, en sortie, il produit une liste de tokens : identifiant du token (id), lemme, forme, PoS, caractéristiques grammaticales (CG), identifiant du recteur du token (GOV), nature de la relation de dépendance $(token, recteur)$ (REL). Par exemple, l'analyse par *Talismane* de l'énoncé *« Et cette confiance fonde la responsabilité du praticien. »* produit la sortie décrite dans le tableau 1. *Talismane* fait une analyse en dépendance de

ID	FORME	LEMME	POS	CG	GOV	REL
1	Et	et	CC	_	0	root
2	cette	cette	DET	g=f|n=s	3	det
3	confiance	confiance	NC	g=f|n=s	4	suj
4	fonde	fonder	V	n=s|p=13|t=pst	1	dep_coord
5	la	la	DET	g=f|n=s	6	det
6	responsabilité	responsabilité	NC	g=f|n=s	4	obj
7	du	de	P+D	g=m|n=s	6	dep
8	praticien	praticien	NC	g=m|n=s	7	prep
9	.	.	PONCT	_	1	ponct

TABLE 1 – Sorties de *Talismane* pour la phrase : *« Et cette confiance fonde la responsabilité du praticien. »*

7. Aujourd'hui ATILF :`http://www.atilf.fr/`
8. `http://www.lirmm.fr/jeuxdemots/jdm-accueil.php`
9. `http://w3.erss.univ-tlse2.fr/`
10. `http://redac.univ-tlse2.fr/applications/talismane.html`
11. Le Lefff (Sagot *et al.*, 2006) pour la version utilisée ici.
12. Étiquettes en grande partie reprises de (Crabbé & Candito, 2008) pour la version utilisée ici.
13. `http://www.llf.cnrs.fr/Gens/Abeille/French-Treebank-fr.php`

surface entre tous les tokens mis en jeu, ponctuation comprise, et chaque token ne peut avoir qu'un seul recteur. Afin d'identifier toutes les relations syntaxiques logiques entre tokens, les sorties de *Talismane* sont passées à un module de déduction qui calcule :

- la relation de coordination entre tokens coordonnés :
  une pomme et une poire $\rightarrow \langle NC.pomme, coor\_dep, NC.poire\rangle$
- la relation entre un token et tous ses dépendants lorsque ceux-ci sont coordonnés :
  il joue et chante $\rightarrow \langle V.jouer, suj, PRO.il\rangle$, $\langle V.chanter, suj, PRO.il\rangle$
- la relation entre un token et tous ces gouverneurs lorsque ceux-ci sont coordonnés :
  il mange une pomme et une poire $\rightarrow \langle V.manger, obj, NC.pomme\rangle$, $\langle V.manger, obj, NC.poire\rangle$
- la relation *suj* (resp. *obj*) entre le sujet (resp. objet) logique et le verbe lorsque le sujet (resp. objet) réel est un pronom relatif :
  le gars qui joue au foot $\rightarrow \langle V.jouer, suj, NC.gars\rangle$
- la relation *Prep* [14] entre un nom ou un verbe et la tête du syntagme prépositionnel qui le complète lorsqu'un syntagme prépositionnel complète un nom ou un verbe :
  c'est un train à vapeur $\rightarrow \langle NC.train, Prep/\text{à}, NC.vapeur\rangle$
- la relation *mod* entre les noms et leurs attributs du sujet :
  le livre est rouge $\rightarrow \langle NC.livre, mod, ADJ.rouge\rangle$
- la relation *obj* entre le complément d'objet logique d'un verbe et ce verbe lorsque le verbe est à la forme passive : *la souris est mangée par le chat* $\rightarrow \langle V.manger, obj, NC.souris\rangle$
- la relation *suj* entre les participes présents et leur sujet :
  l'avocat plaidant une cause $\rightarrow \langle V.plaider, suj, NC.avocat\rangle$

Ce module de déduction pronominalise aussi les verbes qui ont un complément d'objet clitique troisième personne et réétiquette certaines parties du discours : les verbes étiquetés *verbe infinitif*, *verbe impératif*, *verbe subjonctif* et *participe présent* par *Talismane* sont simplement réétiquetés *verbe*.

Trois graphes $Glm10_N$, $Glm10_A$, $Glm10_V$ (c.f. tableau 3) sont ensuite construits à partir des sorties de *Talismane* enrichies par le module de déduction comme suit. Définissons :
- C_l l'ensemble des contextes syntaxiques d'un lemme l dans LM10 : $C_l = \{(rel, l_c)\}$ tels que l_c est syntaxiquement lié à l par rel dans LM10 ;
- C l'ensemble des contextes syntaxiques de LM10 : $C = \bigcap_{l \in L} C_l$.

Soit $\text{POS} \in \{A, N, V\}$, $Glm10_{\text{POS}} = (L_{\text{POS}} \cup C, E)$ est un graphe biparti tel que $\{l, c\} \in E \Leftrightarrow c \in C_l$. Toute arête $\{l, c\} \in E$ est pondérée par une mesure de type information mutuelle IM entre le lemme l et le contexte c :

$$IM = \frac{freq((*,*)) \times freq((l,c))}{freq((l,*)) \times freq((*,c))} \quad (3)$$

Réseaux lexicaux construits à partir de la ressource *frWaC* : La ressource *frWaC* [15] qui est décrite dans (Baroni *et al.*, 2009) est un corpus de 1.6 milliard de mots construit à partir du Web en limitant l'analyse au domaine .fr. Les graphes $\mathbf{Gfrwac_A}$ $\mathbf{Gfrwac_N}$ $\mathbf{Gfrwac_V}$ (c.f. tableau 3) ont été construits de la même manière que les graphes **Glm10**.

	$\mathbf{Gdsyn_A}$	$\mathbf{Gdsyn_N}$	$\mathbf{Gdsyn_V}$	$\mathbf{GjdmS_A}$	$\mathbf{GjdmS_N}$	$\mathbf{GjdmS_V}$	**GjdmA**
n	9 452	29 372	9 147	9 859	29 213	7 658	153 586
m	42 403	100 759	51 423	30 088	56 383	22 262	928 399

TABLE 2 – Caractéristiques des graphes unipartis : *n* est le nombre de sommets, *m* le nombre total d'arêtes.

Nous indiquons ci-dessous le voisinage « immédiat » du verbe *fonder* dans les graphes présentés ci-dessus :

Dans $\mathbf{Gdsyn_V}$, *fonder* a 32 **voisins :** affermir, appuyer, asseoir, assurer, baser, bâtir, commencer, compter, constituer, construire, créer, engendrer, enter, forger, former, instaurer, instituer, justifier, lancer, mettre, motiver, organiser, ouvrir, placer, poser, reposer, tabler, échafauder, édifier, élever, ériger, établir

14. Il y a autant de relation *Prep* que de prépositions.
15. `http://wacky.sslmit.unibo.it/doku.php?id=corpora`

	$\mathbf{Glm10_A}$	$\mathbf{Glm10_N}$	$\mathbf{Glm10_V}$	$\mathbf{Gfrwac_A}$	$\mathbf{Gfrwac_N}$	$\mathbf{Gfrwac_V}$
n	57 623	520 355	223 843	134 559	964 769	319 249
$\mathbf{n}_l$	21 181	48 491	8 017	55 771	133 506	18 734
$\mathbf{n}_c$	36 442	471 864	215 826	78 788	831 263	300 515
m	872 464	7 556 008	2 654 104	958 138	8 643 588	2 151 146

TABLE 3 – Caractéristiques des graphes bipartis : n est le nombre total de sommets, n_l le nombre de lemmes, n_c le nombre de contextes, m le nombre d'arêtes.

Dans GjdmS$_\mathbf{V}$, *fonder* a 15 **voisins :** affermir, appuyer, asseoir, assoir, baser, bâtir, constituer, créer, former, instaurer, instituer, justifier, édifier, élever, ériger

Dans GjdmA, *fonder* a 47 **voisins :** acte fondateur, amorcer, aménager, assurer, attaquer, commencer, composer, concevoir, construction, construire, disposer, débuter, démarrer, enfanter, engendrer, engrener, entamer, entreprendre, entreprise, esquisser, fixer, fondateur, fondation, fondement, foyer, imaginer, implanter, installer, inventer, maison, mettre, montrer, partir, placer, poser, presser, production, produire, préluder, réaliser, se fonder, ébaucher, échafauder, élaborer, équilibrer, établir, étrenner

Dans Glm10$_\mathbf{V}$, *fonder* a 583 **voisins**[16] **:** NC.espoir.Dep.obj (freq=144, IM=120.347), NC.société.Dep.obj (freq=138, IM=59.6531), NC.famille.Dep.obj (freq=98, IM=77.4457), NC.revue.Dep.obj (freq=85, IM=317.996), V.venir.Gov.Prep/de (freq=82, IM=7.29996), NC.principe.Dep.suj (freq=82, IM=84.03), NC.compagnie.Dep.obj (freq=79, IM=120.454), NC.parti.Dep.obj (freq=78, IM=46.1816), NC.association.Dep.obj (freq=78, IM=100.757), NC.valeur.Dep.suj (freq=76, IM=73.5628)

Dans Gfrwac$_\mathbf{V}$, *fonder* a 824 **voisins**[17] **:** NC.famille.Dep.obj (freq=1144, IM=387.762), NC.monastère.Dep.obj (freq=517, IM=4889.38), NC.société.Dep.obj (freq=472, IM=137.059), NC.groupe.Dep.obj (freq=363, IM=71.3103), NC.école.Dep.obj (freq=283, IM=126.836), NC.action.Dep.obj (freq=270, IM=26.9095), V.être.Gov.Prep/de (freq=264, IM=1.91398), V.permettre.Gov.Prep/de (freq=253, IM=2.75423), NC.association.Dep.obj (freq=202, IM=77.0306), NC.compagnie.Dep.obj (freq=200, IM=383.908)

4 Méthodes

Dans une phrase P soit ω un mot cible de P et C_P^ω l'ensemble des contextes syntaxiques de ω dans P identifié par *Talismane* + module de déduction. Par exemple, soit $P =$« *Et cette confiance fonde la responsabilité du praticien.* » et $\omega =$*fonde* le mot-cible de P, le mot *fonde* a trois contextes syntaxiques dans cette phrase[18] (voir tableau 1) :
$C_P^\omega = \{(NC.confiance, Dep.suj), (NC.responsabilité, Dep.obj), (CC.et, Gov.dep\_coord)\}$

4.1 Visions simples

Nous présentons dans le tableau 4 sept méthodes qui utilisent des visions simples sur différents graphes lexicaux. Chaque méthode construit une liste ordonnée de lemmes d'un des trois types suivants :
- $\mathbf{T_1}$, liste ordonnée sur l'axe paradigmatique de ω par rapport à ω et indépendamment du contexte C_P^ω de la phrase P (c'est à dire couvrant potentiellement l'ensemble de la polysémie du mot ω) ;
- $\mathbf{T_2}$, liste ordonnée sur l'axe syntagmatique de C_P^ω par rapport C_P^ω et indépendamment de ω ;
- $\mathbf{T_3}$, liste ordonnée par rapport à ω sur axe non typé (les relations entre deux lemmes peuvent être paradigmatiques ou syntagmatiques) et indépendamment du contexte C_P^ω de la phrase P.

Les méthodes ϑ_1, ϑ_2 et ϑ_3 sont supervisées tandis que les méthodes ϑ_4, ϑ_5, ϑ_6 et ϑ_7 sont non-supervisées

16. Ces voisins sont les contextes de *fonder* dans *LM*10, nous présentons ici les 10 plus fréquents, ('freq' est la fréquence du contexte avec *fonder*, et 'IM' est le poids de l'arête entre *fonder* et le contexte).
17. Ces voisins sont les contextes de *fonder* dans *frWaC*, nous présentons ici les 10 plus fréquents.
18. Le module de dépendance ne change pas les sorties de *Talismane* pour cette phrase.

Méthode	Type de liste
$\vartheta_1 = \vartheta(Gdsyn, \{\omega\}, 3)$	$\mathbf{T_1}$
$\vartheta_2 = \vartheta(GjdmS, \{\omega\}, 3)$	$\mathbf{T_1}$
$\vartheta_3 = \vartheta(GjdmA, \{\omega\}, 3)$	$\mathbf{T_3}$
$\vartheta_4 = \vartheta(Glm10, \{\omega\}, 2)$	$\mathbf{T_1}$
$\vartheta_5 = \vartheta(Gfrwac, \{\omega\}, 2)$	$\mathbf{T_1}$
$\vartheta_6 = \vartheta(Glm10, C_P^\omega, 3)$	$\mathbf{T_2}$
$\vartheta_7 = \vartheta(Gfrwac, C_P^\omega, 3)$	$\mathbf{T_2}$

TABLE 4 – Sept visions simples

4.2 Agrégations de visions simples

Le but de la tâche 1 de SemDis2014 est la substitution lexicale : *remplacer un mot ω dans une phrase P par un autre mot tout en préservant au maximum le sens de la phrase P*. Aucune des sept visions simples décrites ci-dessus ne peut espérer remplir cette tâche avec succès, ce n'est d'ailleurs pas leurs buts.

On peut cependant espérer s'approcher au mieux de la tâche de substitution lexicale en combinant plusieurs visions simples. Par exemple en multipliant coordonnées par coordonnées les deux vecteurs issus de deux méthodes de type T_1 et T_2 on peut espérer renforcer l'axe paradigmatique du mot ω sur le sens qu'il prend dans le contexte C_P^ω de la phrase P.

Pour aller dans ce sens nous définissons ci-dessous trois façons de combiner les méthodes [19]. Soit A et B deux vecteurs de même dimension :

Agreg₁(A, B) :

$$Agreg_1(A,B) = [C]_i = \begin{cases} [A]_i \,.\, [B]_i & \text{si } [A]_i \neq 0 \text{ et } [B]_i \neq 0 \\ [A]_i & \text{sinon} \end{cases} \quad (4)$$

Agreg₂(A, B) :

$$Agreg_2(A,B) = [C]_i = \begin{cases} [B]_i & \text{si } [A]_i = 0 \\ [A]_i & \text{sinon} \end{cases} \quad (5)$$

Agreg₃(A, B) :

$$Agreg_3(A,B) = [C]_i = \begin{cases} [B]_i & \text{si } [A]_i \neq 0 \\ 0 & \text{sinon} \end{cases} \quad (6)$$

Nous pouvons maintenant définir les deux méthodes que nous avons soumises à SemDis2014 :

Méthode non supervisée : $\vartheta_8 = Agreg_1(Agreg_1(\vartheta_4,\ \vartheta_5),\ \ Agreg_1(\vartheta_6,\ \vartheta_7))$
Méthode supervisée : $\vartheta_9 = Agreg_2(Agreg_1(Agreg_1(\vartheta_2, \vartheta_3), \vartheta_6),\ \ Agreg_3(Agreg_2(\vartheta_1, \vartheta_2),\ Agreg_1(Agreg_1(\vartheta_2, \vartheta_3), \vartheta_6)))$

Le tableau 5 résume les résultats des méthodes exposées ici sur la phrase numéro 93.

4.3 Évaluation

Parmis les 10 méthodes soumises par l'ensemble des participants à Semdis14, la méthode ϑ_9 est celle qui, selon les évaluations de SemDis2014 sur un ensemble de 300 phrases avec 30 cibles à désambiguïser (10 verbes, 10 noms, 10 adjectifs avec 10 phrases par cible), propose les meilleures listes de substituts. Les résultats des méthodes ont été évalués à l'aide de deux mesures de rappel : *best* et *oot* définies par (McCarthy & Navigli, 2009) : soit H l'ensemble des annotateurs SemDis2014, T l'ensemble des phrases avec au moins deux substituts proposés par les annotateurs, h_i l'ensemble des réponses produites par les annotateurs pour une phrase $i \in T$, A l'ensemble des phrases de T pour lesquels le système produit au moins une réponse, a_i l'ensemble des substituts proposés par le système pour une phrase $i \in T$, H_i l'union

19. Il se peut qu'une méthode M_1 donne en générale de meilleurs resultats qu'une autre methode M_2, mais que la méthode M_1 ai une moins bonne couverture lexicale que la méthode M_2. C'est principalement pour cette raison que les méthodes d'agrégations ne sont pas symétriques.

Gold	**créer, forger, constituer, justifier, être à la base, entraîner, assurer, impliquer, baser, instaurer, induire, définir, être à l'origine, établir, installer, poser, supporter**
ϑ_1	**établir**, bâtir, **créer**, construire, faire, organiser, former, **constituer**, élever, placer
ϑ_2	bâtir, **constituer**, **créer**, élever, **établir**, édifier, ériger, **instaurer**, instituer, appuyer
ϑ_3	responsabilité, confiance, charge, meilleur ami, sureté, affect, condamnation, devoir, poids, dette
ϑ_4	fondre, diriger, présider, animer, **créer**, rejoindre, perpétuer, abriter, érier, racheter
ϑ_5	se marier, ème, rejoindre, pondre, échanger, arranger, engendrer, dater, rivaliser, diriger
ϑ_6	se décréter, se mériter, se rétablir, endosser, se rejeter, se démentir, se renvoyer, saisissant, se évanouir, imputer
ϑ_7	généraliser, se mériter, se acquérir, aveugler, se rejeter, endosser, décliner, régner, se décréter, assumer
ϑ_8	reposer, se installer, se fonder, assumer, diriger, régner, rejoindre, quitter, animer, se appuyer
ϑ_9	**établir**, **constituer**, **créer**, former, instituer, **assurer**, mettre, **instaurer**, **poser**, construire

TABLE 5 – Résultats sur la phrase numéro 93 : *« Et cette confiance <fonde> la responsabilité du praticien. »*

des h_i et freq(s) le nombre d'occurrences du substitut $s \in H_i$ dans H_i. Une première mesure *best* définie par l'équation 7 indique le rappel au rang 1 de la méthode par rapport à des solutions de référence proposées par les organisateurs de SemDis2014. La seconde mesure *oot* (pour *out of best*) définie par l'équation 7 indique le rappel au rang 10 de la méthode sans prendre en compte l'orde des réponses. Les résultats obtenus par les méthodes présentées dans ce papier sur la phrase numéro 93 sont détaillés dans le tableau 5.

$$best = \frac{\sum_{a_i:i\in T} \frac{\sum_{s\in a_i} freq(s)}{|a_i|.|H_i|}}{|T|} \qquad oot = \frac{\sum_{a_i:i\in T} \frac{\sum_{s\in a_i} freq(s)}{|H_i|}}{|T|} \tag{7}$$

Le tableau 6 présente les résultats des méthodes simples ainsi que des méthodes ϑ_8 (non-supervisée) et ϑ_9 (supervisée) soumises à SemDis2014 :

Méthodes	**Type**	**best**	**oot**
$\vartheta_1 = \vartheta(Gdsyn, \{\omega\}, 3)$	supervisée	.0453	.3245
$\vartheta_2 = \vartheta(GjdmS, \{\omega\}, 3)$	supervisée	.0645	.3519
$\vartheta_3 = \vartheta(GjdmA, \{\omega\}, 3)$	supervisée	.0022	.0736
$\vartheta_4 = \vartheta(Glm10, \{\omega\}, 2)$	non-supervisée	.0259	.1347
$\vartheta_5 = \vartheta(Gfrwac, \{\omega\}, 2)$	non-supervisée	.0319	.0799
$\vartheta_6 = \vartheta(Glm10, C_P^\omega, 3)$	non-supervisée	.0061	.0368
$\vartheta_7 = \vartheta(Gfrwac, C_P^\omega, 3)$	non-supervisée	.0024	.0228
ϑ_8	non-supervisée	.0511	.2129
ϑ_9	supervisée	.0970	.4017

TABLE 6 – Résultats des méthodes BACANAL

Le tableau 6 met en évidence une amélioration significative par les méthodes agrégées des performances des méthodes simples sur lesquelles elles reposent :

– ϑ_8 / ϑ_5 : best : +60% ; oot : +166%
– ϑ_9 / ϑ_2 : best : +50% ; oot : +14%

Notons toutefois que les deux méthodes basées sur des ressources paradigmatiques construites à la main [20] (ϑ_1 basée sur

20. Nous ne considérons pas l'association libre comme une relation paradigmatique puisqu'elle met en jeu des relations entre parties du discours distinctes.

Gdsyn et ϑ_2 basée sur GjdmS), sont performantes au rang 10 (environ 32% des réponses fournies par au moins deux annotateurs sont trouvées par ϑ_1 et 35% par ϑ_2) et que la méthode ϑ_9 n'améliore les performances de ϑ_2 que de 14% au rang 10. Toutefois, au rang 1, ϑ_9 est significativement plus performante que ϑ_2.

5 Vers une comparaison avec les méthodes opérant par réduction de dimension

Toutes les méthodes exposées ici sont bâties à partir de balades aléatoires courtes dans des réseaux unipartis ou bipartis construits sur diverses ressources. Cependant, un réseau lexical uniparti $G = (V, E, w)$ peut être vu comme une matrice lexicale de dimension $|V| \times |V|$: $M_G = (a_{u,v})_{u,v \in V}$, avec $a_{u,v} = w(u, v)$, et un réseau lexicale biparti $G = (V_\top, V_\bot, E, w)$ peut être vu comme une matrice lexicale de dimension $|V_\top| \times |V_\bot|$: $M_G = (a_{u,v})_{u \in V_\top, v \in V_\bot}$, avec $a_{u,v} = w(u, v)$.

Beaucoup de méthodes (Van de Cruys *et al.*, 2011; Erk & Padó, 2009, 2010; Dinu & Lapata, 2010; Thater *et al.*, 2010) commencent par réduire la matrice M_G en une matrice M_G^k de dimensions k avec des méthodes d'analyse en composantes principales (ACP) puis calculent une similarité entre les vecteurs de M_G^k, par exemple : $cos([M_G^k]_u, M_G^k]_v)$. C'est alors le vecteur $\varphi(G, u, k) = (a_v)_{v \in V}$, avec $a_v = cos([M_G^k]_u, M_G^k]_v)$ qui est utilisé comme « vision » de u.

Nous proposons ci-dessous de comparer, sur un graphe artificiel simple et controlé, les méthodes BACANAL à celles qui utilisent une réduction d'espaces vectoriels. Une telle comparaison ne remplace en aucun cas une comparaison sur des données réelles. Cependant sur ces données controlées un résultat précis est attendu. Cela permet donc de comparer les résultats de chaque méthode par rapport aux résultats attendus. Ceci est un premier pas pour mieux comprendre les ressemblances et différences existantes entre les méthodes.

Pour comparer les méthodes nous utilisons un modèle de graphe artificiel composé de deux niveaux de clusterisation : les sommets sont regroupés en trois gros clusters, eux-même décomposables en trois petits clusters. Formellement, nous utilisons un graphe $G = (V, E)$ tel que V est l'union de $k = 9$ ensembles Δ_1, ... Δ_9 de $n = 20$ sommets chacun[21]. Ces sommets sont regroupés en trois ensembles $\Gamma_1 = \Delta_1 \cup \Delta_2 \cup \Delta_3$, $\Gamma_2 = \Delta_4 \cup \Delta_5 \cup \Delta_6$, $\Gamma_3 = \Delta_7 \cup \Delta_8 \cup \Delta_9$. Une arête e entre deux sommets u et v est créée avec la probabilité :
- $p_1 = 0.5$ si les deux sommets appartiennent à un même ensemble Δ ($\exists i$ tel que $u, v \in \Delta_i$) ;
- $p_2 = 0.01$ s'ils appartiennent à des ensembles Δ distincts mais à un même ensemble Γ ($\nexists i$ tel que $u, v \in \Delta_i$ mais $\exists j$ tel que $u, v \in \Gamma_j$) ;
- $p_3 = 0.001$ s'ils appartiennent à deux ensembles Γ distincts ($\nexists i$ tel que $u, v \in \Gamma_i$).

Un tel graphe est représenté dans la figure 1(a).

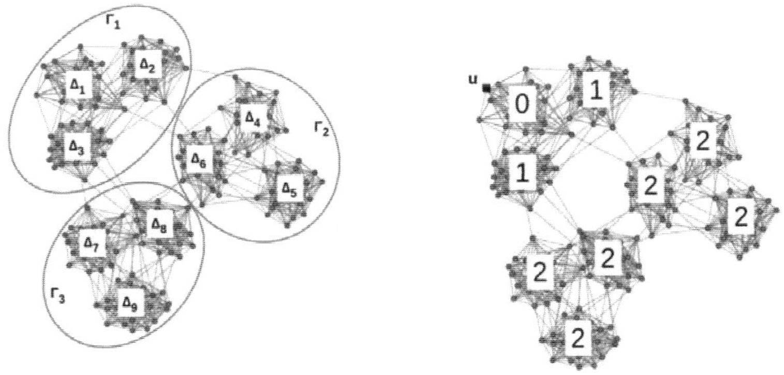

(a) $G = (V, E)$ (b) Etiquetage des sommets

FIGURE 1 – Graphe artificiel avec 3 zones denses Γ_1, Γ_2, Γ_3 où chacune de ces zones denses est constituée de 3 zones locales encore plus denses Γ_1 : Δ_1, Δ_2, Δ_3 ; Γ_2 : Δ_4, Δ_5, Δ_6 ; Γ_3 : Δ_7, Δ_8, Δ_9.

Notre idée est de comparer, pour un sommet u quelconque de G, les visions du graphe obtenues par chacune des méthodes

21. Si $i \neq j$ alors $\Delta_i \cap \Delta_j = \varnothing$.

à partir de u, à l'aide du critère suivant : l'ordre des sommets de G obtenus par ces méthodes (à partir de u) respecte-t-il l'ordre des clusters autour de u (Δ_u, Γ_u, G). En effet, on souhaite que les sommets du petit cluster Δ_u arrivent avant ceux du cluster moyen Γ_u et eux-mêmes avant les autres sommets du graphe.

Pour cela, nous allons observer les résulats de chaque métodes en notant *(0)* les sommets qui appartiennent à Δ_u ; *(1)* les sommets qui appartiennent à Γ_u mais pas à Δ_u ; *(2)* les sommets qui n'appartiennent pas à Γ_u (cet étiquetage est illustré dans la figure 1(b)). Ceci est une représentation « binaire » de ce qui peut se passer sur un graphe lexical dans une tâche de substitution.

Nous donnons ci-dessous les résultats pour une méthode utilisant des marches aléatoires courtes et différentes méthodes par réduction de dimension. La liste L_0 représente les étiquettes des sommets $v \in V$ quand elles sont ordonnées selon $\left(\vartheta(G,\ \{u\},\ 3)\right)_v$. Les listes L_3, L_9, L_{50} et L_{180} représentent les mêmes étiquettes mais ordonnées après une réduction de dimension (L_3 utilise $\left(\varphi(G,u,3)\right)_v$, L_9 utilise $\left(\varphi(G,u,9)\right)_v, \ldots$)

$\mathbf{L_0}$ =[0, 0, 0, 0, 0, 0, 0, 0, 0, 0, 0, 0, 0, 0, 0, 0, 0, 0, 0, 0, 1, 1, 1, 1, 1, 1, 1, 1, 1, 1, 1, 1, 1, 1, 1, 1, 1, 1, 1, 1, 1, 1, 1, 1, 1, 1, 1, 1, 1, 1, 1, 1, 1, 1, 1, 1, 1, 1,
1, 2, 2, 1, 2, 2, 2, 2, 2, 2, 2, 2, 2, 2, 2, 2, 2, 2, 2, 2, 2, 2, 2, 2, 2, 2, 2, 2, 2, 2, 2, 2, 2, 2, 2, 2, 2, 2, 2, 2, 2, 2, 2, 2, 2, 2, 2, 2, 2, 2, 2, 2, 2, 2, 2, 2, 2, 2, 2, 2, 2,
2, 2, 2, 2, 2, 2, 2, 2, 2, 2, 2, 2, 2, 2, 2, 2, 2, 2, 2, 2, 2, 2, 2, 2, 2, 2, 2, 2, 2, 2, 2, 2, 2, 2, 2, 2, 2, 2, 2, 2, 2, 2, 2, 2, 2, 2, 2, 2, 2, 2, 2, 2, 2, 2, 2, 2, 2, 2, 2, 2, 2]

$\mathbf{L_3}$ =[0, 0, 0, 0, 0, 1, 1, 1, 1, 1, 1, 1, 1, 1, 0, 1, 0, 0, 0, 0, 0, 0, 0, 0, 0, 0, 0, 1, 1, 1, 1, 1, 0, 1, 1, 1, 0, 1, 0, 1, 1, 1, 2, 2, 1, 1, 1, 1, 1, 1, 1, 1, 1, 1, 1, 2, 1, 1,
1, 1, 1, 1, 1, 2, 2, 2, 2, 2, 2, 2, 2, 2, 2, 2, 2, 2, 2, 2, 2, 2, 2, 2, 2, 2, 2, 2, 2, 2, 2, 2, 2, 2, 2, 2, 2, 2, 2, 2, 2, 2, 2, 2, 2, 2, 2, 2, 2, 2, 2, 2, 2, 2, 2, 2, 2, 2, 2, 2, 2,
2, 2, 2, 2, 2, 2, 2, 2, 2, 2, 2, 2, 2, 2, 2, 2, 2, 2, 2, 2, 2, 2, 2, 2, 2, 2, 2, 2, 2, 2, 2, 2, 2, 2, 2, 2, 2, 2, 2, 2, 2, 2, 2, 2, 2, 2, 2, 2, 2, 2, 2, 2, 2, 2, 2, 2, 2, 2, 2, 2, 2]

$\mathbf{L_9}$ =[0, 0, 0, 0, 0, 0, 0, 0, 0, 0, 0, 0, 0, 0, 0, 0, 0, 0, 0, 0, 1, 1, 1, 1, 1, 1, 1, 1, 1, 1, 1, 1, 1, 1, 1, 1, 1, 1, 1, 1, 1, 1, 1, 1, 1, 1, 1, 1, 1, 1, 1, 1, 1, 1, 1, 1, 2, 2,
1, 1, 2, 1, 2, 1, 2, 2, 2, 2, 2, 2, 2, 2, 2, 2, 2, 2, 2, 2, 2, 2, 2, 2, 2, 2, 2, 2, 2, 2, 2, 2, 2, 2, 2, 2, 2, 2, 2, 2, 2, 2, 2, 2, 2, 2, 2, 2, 2, 2, 2, 2, 2, 2, 2, 2, 2, 2, 2, 2, 2,
2, 2, 2, 2, 2, 2, 2, 2, 2, 2, 2, 2, 2, 2, 2, 2, 2, 2, 2, 2, 2, 2, 2, 2, 2, 2, 2, 2, 2, 2, 2, 2, 2, 2, 2, 2, 2, 2, 2, 2, 2, 2, 2, 2, 2, 2, 2, 2, 2, 2, 2, 2, 2, 2, 2, 2, 2, 2, 2, 2, 2]

$\mathbf{L_{50}}$ =[0, 0, 0, 0, 0, 0, 0, 0, 0, 0, 0, 0, 0, 0, 0, 0, 0, 0, 0, 0, 1, 1, 1, 1, 1, 1, 1, 1, 1, 1, 1, 1, 2, 1, 1, 1, 2, 1, 1, 1, 2, 1, 1, 1, 1, 1, 1, 1, 1, 1, 1, 1, 2, 1, 1, 1, 1, 1,
2, 2, 1, 2, 2, 2, 2, 2, 2, 2, 2, 2, 2, 2, 2, 2, 2, 2, 2, 2, 1, 2, 2, 2, 2, 2, 2, 2, 2, 2, 2, 2, 2, 1, 2, 2, 2, 2, 2, 2, 2, 2, 2, 2, 2, 2, 2, 2, 2, 2, 2, 2, 2, 2, 2, 2, 2, 2, 2, 2, 2,
2, 2, 2, 2, 2, 2, 2, 2, 2, 2, 2, 2, 2, 2, 2, 2, 2, 2, 2, 2, 2, 2, 2, 2, 2, 2, 2, 2, 2, 2, 2, 2, 2, 2, 2, 2, 2, 2, 2, 2, 2, 2, 2, 2, 2, 2, 2, 1, 2, 2, 2, 2, 2, 1, 2, 2, 2, 2, 2, 2, 1]

$\mathbf{L_{180}}$ =[0, 0, 0, 0, 0, 0, 0, 0, 0, 0, 0, 0, 0, 0, 0, 0, 0, 0, 0, 0, 1, 1, 1, 1, 1, 1, 1, 1, 1, 1, 1, 1, 1, 1, 2, 1, 1, 1, 1, 2, 1, 1, 1, 1, 1, 1, 1, 1, 2, 1, 1, 1, 1, 1, 2, 1, 1, 1,
2, 2, 2, 2, 2, 2, 2, 2, 2, 2, 2, 2, 2, 2, 2, 2, 2, 2, 2, 2, 2, 2, 2, 2, 2, 2, 2, 2, 2, 2, 2, 2, 2, 2, 2, 2, 2, 2, 2, 2, 2, 2, 2, 2, 2, 2, 2, 2, 2, 2, 2, 2, 2, 2, 2, 2, 2, 2, 2, 2, 1,
2, 2, 2, 2, 2, 2, 2, 2, 2, 2, 2, 2, 2, 2, 2, 2, 2, 2, 2, 2, 2, 2, 2, 2, 2, 2, 2, 2, 2, 2, 1, 2, 2, 2, 2, 2, 2, 2, 2, 2, 2, 2, 2, 1, 2, 2, 2, 2, 2, 2, 2, 1, 2, 2, 2, 2, 1, 2, 1, 2, 2]

Les listes L_0 et L_9 donnent toutes les deux, approximativement, les résultats « espérés » alors que ni la liste L_3 ni la liste L_{50} ni même la liste L_{180} (changement de base simple, matrice non réduite) ne sont satisfaisantes :

- La liste L_3 ne distingue pas suffisamment les sommets étiquetés 0 ($v \in \Delta_1$) des sommets étiquetés 1 ($v \notin \Delta_1$ mais $v \in \Gamma_1$). En réduisant la matrice à trois dimensions on a encore l'information de l'existence des trois gros agrégats Γ_1, Γ_2, Γ_3 mais celles des petits agrégats Δ_1, Δ_2 , Δ_3 est moins claire ;
- La liste L_{50} ne distingue pas suffisamment les sommets étiquetés 1 ($v \notin \Delta_1$ mais $v \in \Gamma_1$) des sommets étiquetés 2 ($v \notin \Gamma_1$). En réduisant la matrice à cinquante dimensions on a encore l'information de l'existence des trois petits agrégats Δ_1, Δ_2 , Δ_3, mais celles des trois gros agrégats Γ_1, Γ_2, Γ_3 est moins claire ;
- La liste L_{180} souffre des mêmes faiblesses que la liste L_{50}.

Nous voyons donc sur ce petit exemple que les méthodes par réduction de dimension sont semblables aux méthodes BACANAL à condition que le choix de k soit bien adapté à la ressource, ce qui est parfois difficile à réaliser sur des ressources réelles. Une étude comparative plus poussée des forces et faiblesses de ces méthodes sur des données lexicales réelles mériterait d'être systématisée. Notons qu'il est aussi possible de comprendre ces différences/ressemblances d'un point de vu algébrique. En effet, les marches aléatoires peuvent se comprendre comme un renforcement des valeurs propres les plus fortes [22], alors qu'une réduction de dimension ne conserve que les vecteurs qui ont les valeurs propres les plus fortes (Navarro, 2013).

6 Conclusion

Dans ce papier, nous avons présenté des méthodes bâties à partir de balades aléatoires courtes sur des réseaux lexicaux : les méthodes BACANAL. Selon les types de réseaux lexicaux qu'elles utilisent (construits à partir de corpus de textes ou à partir de ressources lexicales produites par des lexicographes ou par les foules), ces méthodes peuvent être supervisées ou entièrement non-supervisées. Un mécanisme d'agrégation de méthodes permet d'améliorer significativement les résultats

22. En effet, les marches aléatoires se basent sur la matrice A prise à la puissance t. Or A peut être décomposée sur une base de vecteurs propres : $A = UEV^T$ avec E la matrice diagonale des valeurs propres (on sait par ailleur que ces valeurs propres sont $<= 1$). On a donc que $A^t = UE^tV^T$ ce qui revient à renforcer les plus fortes valeurs propres. Une démonstration et une explication plus détailées restent cependant nécessaires.

des méthodes BACANAL simples sur lesquelles elles reposent (ex : ϑ_8 / ϑ_5 et ϑ_9 / ϑ_2).

Comme la plupart des méthodes de l'état de l'art, les évaluations *oot* de toutes les méthodes ayant concourues à la tâche 1 de Semdis14 sont inférieurs à 50% : ϑ_9 la meilleurs méthode selon les évaluations de Semdis14 obtient un *oot* égal à 0.4017. Obtenir un rappel élevé au rang 10 lors d'une tâche de substitution lexicale face à un gold construit à « à la main » semble donc être difficile.

Nous avons aussi amorcé une comparaison entre les méthodes par marche aléatoire courte et les méthodes par réduction de dimension et montré que les méthodes par réduction de dimension sont semblables aux méthodes BACANAL à condition que le choix de k soit bien adapté à la ressource. Un des avantages des méthodes BACANAL est que leur complexité est proportionnelle à la densité des graphes utilisés : une marche de temps t à partir d'un sommet quelconque d'un graphe de m arêtes se calcule avec une complexité $O(mt)$ (Navarro, 2013). Ainsi, la complexité des méthodes BACANAL sur des réseaux peu denses en arêtes telles que les réseaux lexicaux est faible. De plus, si les graphes sont trop larges, les méthodes de Monté-Carlo[23] peuvent facilement être utilisées pour calculer une approximation des marches aléatoires en temps court.

Toutefois, pour une tâche de substitution lexicale libre comme la tâche 1 de SemDis2014, la taille des graphes n'est pas le critère essentiel. En effet la qualité linguistique de ces graphes semble primer. Par exemple, les tableaux 2 et 3 montrent que les différences de résultats obtenus par les méthodes $\vartheta_4 = \vartheta(Glm10,\ \{\omega\},\ 2)$ ($best = .0259$ & $oot = .1347$) et $\vartheta_5 = \vartheta(Gfrwac,\ \{\omega\},\ 2)$ ($best = .0319$ & $oot = .0799$) ne sont pas liées à des différences de taille entre graphes utilisés, mais à des différences qualitatives entre les ressources sur lesquelles elles sont construites.

7 Remerciements

Nous remercions les organisateurs de SemDis2014 pour avoir proposé cette tâche et développé le matériel nécessaires aux évaluations. Nous remercions Franck Sajous et Assaf Urielli pour les nombreuses discussions toujours enrichissantes que nous avons eu ensemble et pour tous les pré-traitements sur les ressources que nous avons utilisées dans cet article (accessibles pour la plupart sur `http://redac.univ-tlse2.fr/`).

Références

ABEILLÉ A., CLÉMENT L. & TOUSSENEL F. (2003). Building a treebank for French. In A. ABEILLÉ, Ed., *Treebanks*, p. 165–188. Dordrecht : Kluwer.

BARONI M., BERNARDINI S., FERRARESI A. & ZANCHETTA E. (2009). The wacky wide web : a collection of very large linguistically processed web-crawled corpora. In *Proceedings of the Seventh International Language Resources and Evaluation (LREC'09)*, volume 43(3), p. 209–226.

BRIN S. & PAGE L. (1998). The anatomy of a large-scale hypertextual web search engine. *Computer Networks*, **30**(1-7), 107–117.

CRABBÉ B. & CANDITO M. (2008). Expériences d'analyses syntaxique statistique du français. In *Actes de la conférence TALN2008*, Avignon, France.

DAHL G., FRASSICA A. & WICENTOWSKI R. (2007). SW-AG : Local context matching for english lexical substitution. In *Proceedings of the 4th workshop on Semantic Evaluations (SemEval-2007)*, p. 304–307, Prague, Czech Republic.

DESALLE Y. (2012). *Réseaux lexicaux, métaphore, acquisition : une approche interdisciplinaire et inter-linguistique du lexique verbal.* PhD thesis, Université de Toulouse.

DESALLE Y., GAUME B. & DUVIGNAU K. (2009). SLAM : Solutions lexicales automatique pour métaphores. *Traitement Automatique des Langues*, **50**(1), 145–175.

DINU G. & LAPATA M. (2010). Measuring distributional similarity in context. In *Proceedings of the 2010 Conference on Empirical Methods in Natural Language Processing*, p. 1162–1172, Cambridge, MA.

ERK K. & PADÓ S. (2009). Paraphrase assessment in structured vector space : Exploring parameters and datasets. In *Proceedings of the Workshop on Geometrical Models of Natural Language Semantics*, p. 57–67, Athens, Greece.

23. `http://fr.wikipedia.org/wiki/Methode_de_Monte-Carlo`

ERK K. & PADÓ S. (2010). Exemplar-Based Models for Word Meaning in Context. In *Proceedings of the ACL 2010 Conference Short Papers*, p. 92–97, Uppsala, Sweden.

C. FELLBAUM, Ed. (1998). *WordNet : An Electronic Lexical Database*. MIT Press.

GAUME B. (2004). Balades Aléatoires dans les Petits Mondes Lexicaux. *I3 : Information Interaction Intelligence*, **4**(2).

GIULIANO C., GLIOZZO A. & STRAPPARAVA C. (2007). FBK-irst : Lexical substitution task exploiting domain and syntagmatic coherence. In *Proceedings of the 4th workshop on Semantic Evaluations (SemEval-2007)*, p. 145–148, Prague, Czech Republic.

HASSAN S., CSOMAI A., BANEA C., SINHA R. & MIHALCEA R. (2007). UNT : Subfinder : Combining knowledge sources for automatic lexical substitution. In *Proceedings of the 4th workshop on Semantic Evaluations (SemEval-2007)*, p. 410–413, Prague, Czech Republic.

HAWKER T. (2007). USYD : WSD and lexical substitution using the web1t corpus. In *Proceedings of the 4th workshop on Semantic Evaluations (SemEval-2007)*, p. 446–453, Prague, Czech Republic.

LAFOURCADE M. (2007). Making People Play for Lexical Acquisition with the JeuxDeMots prototype. In *SNLP'07 : 7th Int. Symposium on NLP*, Pattaya, Thailand.

LUX-POGODALLA V. & POLGUÈRE A. (2011). Construction of a french lexical network : Methodological issues. In *Proceedings of the International Workshop on Lexical Resources (WoLeR 2011)*, p. 21–27, Ljubljana.

MANNING C. D., RAGHAVAN P. & SCHÜTZE H. (2008). *Introduction to Information Retrieval*. Cambridge University Press.

MARTINEZ D., KIM S. & BALDWIN T. (2007). MELB-MKB : Lexical substitution system based on relatives in context. In *Proceedings of the 4th workshop on Semantic Evaluations (SemEval-2007)*, p. 237–240, Prague, Czech Republic.

MCCARTHY D. (2002). Lexical substitution as a task for WSD evaluation. In *Proceedings of the ACL-02 Workshop on Word Sense Disambiguation : Recent Successes and Future Directions - Volume 8*, p. 109–115, Philadelphia, PA : WSD-02.

MCCARTHY D. & NAVIGLI R. (2007). SemEval-2007 Task 10 : English Lexical Substitution Task. In *Proceedings of the 4th workshop on Semantic Evaluations (SemEval-2007)*, p. 109–115, Philadelphia, PA : WSD-02.

MCCARTHY D. & NAVIGLI R. (2009). The english lexical substitution task. *Language Resources and Evaluation*, **43**, 139–159.

MOHAMMAD S., HIRST G. & RESNIK P. (2007). Tor, TorMd : Distributional profiles of concepts for unsupervised word sense disambiguation. In *Proceedings of the 4th workshop on Semantic Evaluations (SemEval-2007)*, p. 226–233, Prague, Czech Republic.

NAVARRO E. (2013). *Métrologie des graphes de terrain, application à la construction de ressources lexicales et à la recherche d'information.* PhD thesis, Université de Toulouse.

SAGOT B., CLÉMENT L., ÉRIC VILLEMONTE DE LA CLERGERIE & BOULLIER P. (2006). The Lefff 2 syntactic lexicon for French : architecture, acquisition. In *Proceedings of LREC'06*, Gênes, Italie.

SHUTOVA E. (2010). Automatic metaphor interpretation as a paraphrasing task. In *Proceedings of NAACL 2010*, Los Angeles, USA.

SHUTOVA E., VAN DE CRUYS T. & KORHONEN A. (2012). Unsepervised metaphor paraphrasing using vector space model. In *Proceedings of COLING 2012*, Mumbai, India.

THATER S., FERSTENAU H. & PINKAL M. (2010). Contextualizing semantic representations using syntactically enriched vector models. In *Proceedings of the 48th Annual Meeting of the Association for Computational Linguistics*, p. 948–957, Uppsala, Sweden.

URIELI A. (2013). *Robust French syntax analysis : reconciling statistical methods and linguistic knowledge in the Talismane toolkit.* Thése soutenue à l'université de Toulouse - école doctorale CLESCO.

VAN DE CRUYS T., POIBEAU T. & KORHONEN A. (2011). Latent Vector Weighting for Word Meaning in Context. In *Proceedings of the 2011 Conference on Empirical Methods in Natural Language Processing*, p. 1012–1022, Edinburgh, UK.

YURET D. (2007). KU : Word Sense Disambiguation by Substitution. In *Proceedings of the 4th workshop on Semantic Evaluations (SemEval-2007)*, p. 207–214, Prague, Czech Republic.

ZHAO S., ZHAO L., ZHANG Y., LIU T. & LI S. (2007). HIT : Web based scoring method for English lexical substitution. In *Proceedings of the 4th workshop on Semantic Evaluations (SemEval-2007)*, p. 173–176, Prague, Czech Republic.

Utiliser un modèle neuronal générique pour la substitution lexicale

Olivier Ferret
CEA, LIST, Laboratoire Vision et Ingénierie des Contenus, Gif-sur-Yvette, F-91191 France.
olivier.ferret@cea.fr

Résumé. Dans cet article, nous présentons la participation du laboratoire LVIC du CEA LIST à la tâche de substitution lexicale organisée dans le cadre de l'atelier SemDis 2014. Le travail réalisé s'appuie sur une exploitation très simple du modèle neuronal proposé dans (Mikolov *et al.*, 2013b), qui a montré par ailleurs son intérêt pour différentes tâches ayant trait à la similarité sémantique en anglais. Nous analysons de ce point de vue les capacités de l'instanciation de ce modèle que nous avons construit pour le français. L'article présente également l'impact de l'utilisation de différents types de ressources pour la génération des candidats substituts.

Abstract. In this article, we present the participation of the CEA LIST LVIC laboratory to the lexical substitution task of the SemDis 2014 workshop. This work is based on the neural model proposed by (Mikolov *et al.*, 2013b), which has shown good results on various tasks related to semantic similarity in English. We have used this model in a very simple way for performing lexical substitution in French and more particularly for the contextual selection of a lexical substitute among several candidates. The article also investigates the use of various types of resources for generating the substitution candidates.

Mots-clés : Substitution lexicale, réseau de neurones, représentations lexicales distribuées.

Keywords: Lexical substitution, neural network, distributed lexical representations.

1 Introduction

La problématique de la représentation distributionnelle du sens des mots ou d'unités plus larges telles que des mots composés ou même des phrases fait l'objet actuellement d'un large ensemble de travaux, en particulier du point de vue de la compositionnalité de ces représentations (Grefenstette *et al.*, 2013). Dans ce contexte, la problématique de la similarité sémantique est centrale dans la mesure où déterminer si deux unités linguistiques différentes, quelle que soit leur taille, ont des sens équivalents ou proches est l'opération de base pour tester la validité des représentations élaborées pour représenter leur sens. L'évaluation de cette similarité sémantique a donc elle-même été un objet de préoccupation depuis longtemps, avec une focalisation toute particulière sur les évaluations de nature intrinsèque. Ces dernières se sont pour l'essentiel réparties entre les évaluations prenant comme référence un dictionnaire ou un thésaurus construit manuellement, comme dans (Curran & Moens, 2002) ou (Ferret, 2010), et celles déterminant le degré de corrélation existant entre les similarités obtenues automatiquement et un ensemble de jugements de similarité réalisés par des humains (Gabrilovich, 2007; Bruni *et al.*, 2012).

Les évaluations extrinsèques, c'est-à-dire opérées par le biais d'une tâche exploitant les similarités calculées, sont quant à elles plus rares. Si les thésaurus distributionnels sont utilisés dans un nombre croissant de tâches, allant de l'extraction de relations (Min *et al.*, 2012) à la traduction automatique (Marton, 2013) en passant par l'analyse syntaxique (Henestroza Anguiano & Candito, 2012) ou l'analyse d'opinion (Goyal & Daume, 2011), il est en effet peu fréquent de voir une analyse des différents paramètres propres à une mesure de similarité distributionnelle au travers de leur impact sur une tâche exploitant une telle mesure. Outre que la mise en œuvre de ce type d'évaluation est plus complexe que celle d'une évaluation intrinsèque, une explication possible de cet état de fait est la possible difficulté à montrer des effets significatifs, au niveau de l'évaluation de la tâche cible, de différences existant au niveau de la mesure distributionnelle utilisée. Il faut pour cela que la mesure de similarité y occupe un rôle suffisamment central, à l'instar par exemple d'une tâche comme l'expansion de listes de mots ou d'entités (Pantel *et al.*, 2009).

De ce point de vue, la tâche de substitution lexicale offre un intérêt particulier. En effet, même si elle s'inscrit historiquement plutôt dans le contexte de la désambiguïsation sémantique (McCarthy & Navigli, 2009), elle est étroitement liée, de par sa définition intrinsèque, à la notion de similarité sémantique puisque le substitut à trouver doit être sémantiquement similaire au mot cible à remplacer. D'autre part, elle vient introduire une dimension manquante aux évaluations intrinsèques habituellement pratiquées : la dimension du contexte. Dans les évaluations intrinsèques évoquées plus haut, les mots similaires à un mot cible sont trouvés en l'absence de tout contexte et les ressources de référence ne sont elles-mêmes pas liées à un contexte particulier. En reprenant les principes de (Gabrilovich, 2007), (Huang *et al.*, 2012) a proposé un jeu de test introduisant la notion de contexte : au lieu de demander à des sujets de juger du degré de similarité de couples de mots en dehors de tout contexte, ce jugement était demandé pour des mots faisant partie d'une même phrase, les mots étant présentés dans le contexte de cette phrase. Curieusement néanmoins, (Huang *et al.*, 2012) n'a pas proposé de façon parallèle de modèle de similarité tenant compte du contexte[1]. (Dinu & Lapata, 2010) s'est en revanche intéressé plus directement à la prise en compte du contexte dans le calcul des similarités sémantiques et a en particulier utilisé le cadre d'évaluation fourni par la tâche *English Lexical Substitution* de l'évaluation SemEval 2007 pour tester ses propositions.

La tâche de substitution lexicale vient donc apporter une double dimension aux évaluations relatives à la similarité sémantique : d'une part, elle représente une évaluation extrinsèque au sein de laquelle la similarité sémantique à un rôle suffisamment influent pour que des différences la concernant puissent être observées en termes d'impact sur les résultats de la tâche ; d'autre part, elle apporte une dimension contextuelle à ce type d'évaluation. C'est ce double intérêt qui nous a conduit à participer à l'évaluation SemDis 2014 relative à la substitution lexicale en français. Cette participation avait également pour ambition de tester l'intérêt de la mise en œuvre d'un modèle neuronal dans ce contexte et la possibilité de réaliser celle-ci avec un effort limité, estimé à 2 personnes-jours, en se fondant sur la transposition d'une approche de base définie dans (Zweig *et al.*, 2012). Nous décrirons plus en détail cette approche dans la section suivante tandis que la section 3 sera consacrée à une présentation plus fouillée et à une évaluation des ressources utilisées ou construites. La section 4 présentera enfin les résultats de l'évaluation de nos différentes soumissions.

2 Méthode

2.1 Contexte

Les modèles de langage neuronaux font l'objet depuis leur résurgence, il y a quelques temps (Bengio *et al.*, 2003), d'un nombre important de travaux ayant montré leur intérêt dans un large ensemble de tâches allant, en se restreignant aux données langagières, de la reconnaissance de la parole à l'analyse de sentiments en passant par la traduction automatique. Plus spécifiquement, au-delà des tâches reposant de façon importante sur des modèles de langage, l'approche présentée dans (Collobert *et al.*, 2011) a mis en avant la capacité de ces modèles neuronaux à produire des représentations distribuées des mots (*word embeddings*) pouvant être utilisées comme traits dans les classifieurs à la base d'une partie importante des systèmes de traitement automatique des langues.

Ces travaux ont également montré que de telles représentations peuvent être construites en dehors du contexte particulier d'une tâche pour être exploitées de façon assez générique avec profit. En première analyse, une part importante du succès de ce type d'approches repose sur le fait que les représentations construites capturent une forme de proximité lexicale : deux mots dont les représentations distribuées sont proches ont également tendance à entretenir une forme de proximité. La nature de cette proximité est en revanche difficile à établir car elle semble mêler dimensions paradigmatique et syntagmatique, à la fois sur un plan sémantique et syntaxique. Huang *et al.* (2012) ont cherché à caractériser plus précisément cette forme de similarité en confrontant différents types de représentations lexicales distribuées issues de modèles neuronaux à un test classique d'évaluation de la similarité sémantique, en l'occurrence WordSim 353 (Gabrilovich, 2007). Sans dépasser le niveau moyen de l'état de l'art[2], les résultats obtenus suggèrent que cette similarité comporte une composante sémantique significative. Ce constat s'est trouvé renforcé par les travaux présentés dans (Mikolov *et al.*, 2013b), qui reposent sur un autre type de modèle neuronal et s'évaluent sur une tâche, non de similarité sémantique, mais de détection de relations d'analogie. Néanmoins, Mikolov *et al.* (2013a) montrent que l'application du même type de modèle sur les données du *Microsoft Sentence Completion Challenge* (Zweig *et al.*, 2012), qui est proche de la tâche de substitution lexicale même s'il est plus orienté vers les modèles de langage, donne de très bons résultats. Tout récemment, l'évaluation plus systématique de ce même modèle du point de vue de la similarité sémantique semble montrer ses bonnes performances également dans ce domaine (Baroni *et al.*, 2014 to appear), en particulier par rapport à des approches distributionnelles

[1]Le modèle neuronal proposé pour construire la représentation lexicale distribuée (*word embedding*) sur laquelle l'évaluation de la similarité entre mots se fonde intègre deux niveaux de contexte mais l'évaluation de la similarité en tant que telle reste acontextuelle.

[2]Certains modèles se situant très en dessous.

plus classiques.

Malgré le fait que des évaluations menées de façon différente, en l'occurrence dans le contexte de la construction de thésaurus distributionnels, montrent que le modèle présenté dans (Mikolov *et al.*, 2013b) n'obtient pas de meilleurs résultats qu'une approche distributionnelle classique (Ferret, 2014 à paraître)[3], même s'il dépasse celui de (Huang *et al.*, 2012), nous avons choisi de l'appliquer à la tâche de substitution lexicale de SemDis 2014. Il est à noter d'ailleurs que l'application d'un modèle neuronal à ce type de tâche n'est pas complètement inédite. Outre le cas de la tâche de complétion de phrase cité précédemment (Mikolov *et al.*, 2013a), Glickman *et al.* (2006) ont réalisé une telle application dans le contexte spécifique de la génération de sous-titre. Dans ce cas précis, le modèle neuronal était utilisé pour évaluer la vraisemblance d'un substitut possible, compte tenu de son contexte. Le résultat était néanmoins moins intéressant que celui d'approches non contextuelles fondées sur des ressources constituées *a priori*.

2.2 Description de l'approche

Outre l'intérêt de tester une approche encore assez nouvelle pour une tâche connue, l'utilisation d'un modèle neuronal pour une tâche de substitution lexicale se justifie par la nature même de la tâche. Celle-ci peut en effet se décomposer en deux sous-tâches principales, plus ou moins jointes selon la solution adoptée pour résoudre le problème :

- la génération de substituts possibles pour le mot cible à remplacer ;
- le choix d'un des substituts générés en fonction du contexte du mot cible à remplacer.

La première sous-tâche renvoie assez clairement à une dimension paradigmatique. Il s'agit en effet de trouver des synonymes du mot cible. La seconde sous-tâche est en revanche moins univoque quant au type de similarité sémantique qu'elle met en jeu : le substitut doit en principe entretenir avec les mots qui l'environnent le même type de relations que le mot cible originel entretient avec ces mêmes mots. Néanmoins, ces relations ne sont pas des relations d'équivalence et entrent en pratique dans la catégorie des relations dites « non classiques » (Morris & Hirst, 2004). Ces relations ont de plus un caractère local dans la mesure où les mots pris en compte ne dépassent pas l'espace de la phrase. À ce titre, elles portent également une certaine dimension syntaxique, à l'instar d'ailleurs des modèles de ngrammes exploités de façon très majoritaire dans les systèmes existants de substitution lexicale (McCarthy & Navigli, 2009). De par son caractère composite, que nous avons esquissé précédemment, la notion de similarité portée par les représentations lexicales distribuées des modèles neuronaux est donc un candidat intéressant pour capturer ces relations « non classiques ».

En pratique, nous avons donc traité les deux sous-tâches en nous appuyant sur des méthodes et des ressources différentes du point de vue sémantique. La génération des substituts a ainsi été réalisée par une simple recherche dans des dictionnaires existant de synonymes et de mots liés associés au mot cible considéré. De ce point de vue, trois types de dictionnaires ont été testés : deux dictionnaires construits manuellement et un thésaurus distributionnel construit automatiquement. Parmi les premiers, l'un contenait un nombre très limité de synonymes pour chaque entrée tandis que l'autre fournissait un ensemble plus large, à la fois en termes de quantité et de lien sémantique, de synonymes et mots liés.

Pour le choix parmi les substituts générés, nous avons transposé une approche de base proposée dans (Zweig *et al.*, 2012). Le principe de cette approche est simple : une mesure de similarité sémantique est calculée entre chaque candidat substitut et l'ensemble des mots pleins de la phrase contenant le mot cible à remplacer, hors ce dernier. Le substitut retenu est le mot dont la somme des valeurs de similarité ainsi obtenues est la plus élevée. L'approche étant non supervisée, nous n'avons donc pas exploité les données d'entraînement fournies pour l'évaluation SemDis 2014.

Dans le cas de (Zweig *et al.*, 2012), la mesure de la similarité sémantique entre deux mots reposait sur l'Analyse Sémantique Latente (Landauer & Dumais, 1997), qui permet de construire une représentation distribuée des mots à partir d'un corpus en s'appuyant sur une forme de factorisation de matrice. Nous avons repris le principe général de (Zweig *et al.*, 2012) mais en substituant une représentation distribuée issue d'un modèle neuronal à la représentation distribuée issue de l'Analyse Sémantique Latente pour représenter le sens des mots. Il est à noter que cette approche exploite une notion de similarité sémantique de nature assez générique : bien qu'elle ne soit pas focalisée sur la seule notion d'équivalence sémantique, elle ne fait pas apparaître des types de relations distincts dans l'optique de rendre compte d'une relation spécifique unissant un mot de la phrase avec le mot cible à substituer. En pratique, la représentation d'un mot prenant la forme d'un vecteur, la similarité de deux mots est évaluée en calculant une mesure de similarité vectorielle générique entre les vecteurs représentant ces deux mots. La mesure la plus utilisée dans ce contexte est le cosinus mais nous avons aussi testé, du fait du caractère dense des représentations, une transposition de la distance euclidienne en mesure de similarité :

[3]Les raisons de la divergence entre les évaluations menées dans (Baroni *et al.*, 2014 to appear) et dans (Ferret, 2014 à paraître) restent à éclaircir mais ont peut-être à voir avec le nombre et la nature, en termes de fréquence, des candidats voisins sémantiques testés.

$$sim(m_1, m_2) = \frac{1}{1 + l2(m_1, m_2)} \quad (1)$$

avec $l2(m_1, m_2)$, la distance euclidienne entre les représentations des mots m_1 et m_2.

Conformément aux conclusions de la section précédente, nous avons retenu le modèle neuronal proposé dans (Mikolov *et al.*, 2013a). À l'instar des travaux fondateurs de Bengio *et al.* (2003), ce modèle apprend un modèle de langage ; autrement dit, il apprend à prédire la probabilité d'un mot en fonction de la séquence de mots qui le précèdent. Dans le cas précis du modèle que nous avons utilisé, appelé *Skip-gram*, l'objectif est de maximiser en sortie la probabilité d'un mot présent dans la même phrase qu'un mot placé en entrée du réseau. Une contrainte est de plus fixée sur la distance maximale C séparant le mot en entrée et le mot en sortie à prédire dans les phrases dans lesquelles ils cooccurrent. Concrètement, le modèle prend la forme d'un réseau de neurones à trois couches dont la première couche est constituée de la représentation d'un seul mot et la dernière couche, de R représentations de mots, R correspondant au nombre de mots de l'environnement du mot d'entrée à prédire. Chaque représentation de mot est formée de V neurones, V étant la taille du vocabulaire considéré. La construction des représentations distribuées des mots s'effectue en modifiant les pondérations de liaison à la couche cachée (la deuxième couche) de façon à rapprocher progressivement les prédictions faites par le réseau avec les données effectivement observées dans le corpus utilisé pour construire ces représentations. Les exemples sont donc constitués dans le cas présent de couples de mots présents dans une même phrase, séparés d'au plus C mots.

3 Ressources construites et utilisées

3.1 Modèle neuronal

Le modèle *Skip-gram* tel que défini dans (Mikolov *et al.*, 2013a) est caractérisé par un certain nombre d'optimisations rendant son entraînement particulièrement efficace. Il peut donc être appliqué à de larges corpus. Pour l'évaluation SemDis 2014, nous nous sommes limités à un corpus que l'on peut qualifier de taille moyenne mais qui présentait pour nous l'avantage d'avoir déjà été prétraité[4]. Il s'agit plus précisément du corpus utilisé lors de l'évaluation EQueR des systèmes de question-réponse en français (Ayache *et al.*, 2006). Ce corpus, d'une taille de 258 millions de mots environ, est principalement constitué d'articles du journal *Le Monde* (entre 1992 et 2000), auxquels s'ajoutent des articles issus du *Monde Diplomatique*, des dépêches d'agence SDA et quelques rapports issus du Sénat. Le prétraitement du corpus s'est limité à son étiquetage et sa lemmatisation par l'outil TreeTagger (Schmid, 1994) et à l'adaptation au format d'entrée de l'outil *word2vec*[5], qui a réalisé la construction des représentations lexicales distribuées selon le modèle *Skip-gram*. Nous avons en outre éliminé tous les signes de ponctuation mais conservé tous les mots[6], en joignant leur lemme et leur catégorie morpho-syntaxique. En accord avec les expérimentations rapportées dans (Mikolov *et al.*, 2013a), en particulier celles concernant le *Microsoft Sentence Completion Challenge*, nous avons adopté une valeur de 10 pour le paramètre C et un nombre de dimensions pour les représentations distribuées égal à 600.

3.2 Ressources de génération des substituts

Comme nous l'avons précisé à la section 2.2, nous avons fait appel à trois ressources aux caractéristiques complémentaires pour la génération des substituts. Ces trois ressources sont :

- une extraction du dictionnaire de synonymes de Word XP (noté *word*) : ce dictionnaire est composé de 31 007 entrées, dont 7 068 adjectifs, 5 781 verbes et 16 848 noms. Il comporte assez peu de synonymes associés à chaque entrée (cf. 4ème colonne du tableau 1) ;

[4]Dans le cadre de l'évaluation, il aurait été judicieux de réaliser la construction du modèle à partir du corpus frWaC dont étaient issues les données d'évaluation.

[5]`http://code.google.com/p/word2vec`

[6]La construction des représentations distribuées s'inscrivant dans la perspective des modèle de langage, il est raisonnable de penser que sélectionner les mots en fonction de leur catégorie morpho-syntaxique ou de leur fréquence peut avoir un impact négatif sur ces représentations dans la mesure les séquences obtenues ne correspondent plus à des séquences réelles de la langue considérées. De fait, nous avons pu constater cet impact négatif dans le cadre d'une tâche de similarité sémantique.

	réf.	#mots éval.	#syn. / mot	rappel	R-préc.	MAP	P@1	P@5	P@10	P@100
noms	word	8 054	3,6	38,9	11,6	–	17,2	9,4	6,5	1,4
#12 154	isc	9 469	14,3	24,7	11,8	9,5	28,1	17,3	12,8	3,5
verbes	word	3 388	3,8	43,3	12,7	14,4	20,2	10,3	7,1	1,6
#4 133	isc	3 417	19,9	26,7	13,5	9,7	37,2	22,6	16,8	5,3
adjectifs	word	2 849	3,6	34,9	10,2	–	15,2	8,1	5,5	1,3
#5 539	isc	2 480	19,4	23,5	12,5	9,4	31,5	19,9	14,8	4,6

TAB. 1 – Évaluation du thésaurus distributionnel FreDist

- le dictionnaire des synonymes Dicosyn (noté *isc*), constitué de 43 202 entrées en excluant les noms composés et les noms propres, dont 7 043 adjectifs, 6 126 verbes et 30 033 noms. À l'inverse du précédent, ce dictionnaire associe beaucoup de mots à chaque entrée, mots qui vont au-delà de la notion de simple synonymie ;
- le thésaurus distributionnel FreDist (Anguiano & Denis, 2011), construit à partir d'articles du journal l'Est Républicain et de pages Wikipédia. Ce thésaurus s'appuie à la fois sur des cooccurrents syntaxiques et des cooccurrents capturés dans une fenêtre glissante de taille très restreinte. Il donne 100 voisins sémantiques pour les entrées de fréquence supérieure à 100 dans le corpus considéré.

Pour évaluer la qualité des substituts générés par FreDist, nous avons procédé à l'évaluation de ce thésaurus en utilisant les deux premiers dictionnaires comme référence. Ses résultats sont donnés par le tableau 1. Cette évaluation a été menée de façon similaire à (Ferret, 2010) en ne se restreignant pas dans un premier temps aux seuls mots cibles de l'évaluation SemDis 2014 afin d'avoir une vue d'ensemble de la qualité de la ressource et donc, de pouvoir mettre en perspective les résultats obtenus pour ces seuls mots cibles.

Ces résultats se déclinent sous la forme de plusieurs mesures, à commencer à la 5ème colonne par le taux de rappel par rapport aux ressources considérées. Les voisins étant ordonnés, il est en outre possible de réutiliser les métriques d'évaluation classiquement adoptées en recherche d'information en faisant jouer aux entrées le rôle de requêtes et aux voisins celui des documents. Les dernières colonnes du tableau 1 rendent compte de ces mesures : la R-précision (R-préc.) est la précision obtenue en se limitant aux R premiers voisins, R étant le nombre de synonymes dans la ressource de référence pour l'entrée considérée ; la MAP (Mean Average Precision) est la moyenne des précisions pour chacun des rangs auxquels un synonyme de référence a été identifié ; enfin, sont données les précisions pour différents seuils de nombre de voisins sémantiques examinés (précision après examen des 1, 5, 10 et 100 premiers voisins). Toutes ces valeurs sont données en pourcentage.

	réf.	#mots éval.	#syn. / mot	rappel	R-préc.	MAP	P@1	P@5	P@10	P@100
noms	word	10	3.1	41.9	9.4	8.6	10.0	8.0	6.0	1.3
#10	isc	10	43.6	23.2	15.3	6.8	50.0	28.0	20.0	10.1
verbes	word	10	4.3	37.2	8.1	9.3	20.0	8.0	6.0	1.6
#10	isc	10	44.7	23.7	17.4	9.0	60.0	36.0	29.0	10.6
adjectifs	word	8	5.2	42.9	29.3	30.9	37.5	15.0	8.8	2.2
#8	isc	8	60.2	20.5	17.7	8.9	62.5	42.5	30.0	12.4

TAB. 2 – Évaluation du thésaurus distributionnel FreDist restreinte aux mots cibles utilisés pour l'évaluation

Un rapide examen de ces résultats montre des tendances assez comparables à ce que l'on peut observer pour d'autres thésaurus distributionnels utilisant des cooccurrents syntaxiques (Ferret, 2014 à paraître). Les résultats avec *word* comme référence sont ainsi assez proches de ceux que l'on peut obtenir pour l'anglais avec les synonymes de WordNet. Ceux avec le dictionnaire Dicosyn comme référence sont un peu inférieurs à ceux que l'on obtient en anglais avec une ressource comme Moby mais la différence de richesse des deux ressources explique très probablement cette différence. Une analyse selon la catégorie morpho-syntaxique montre quant à elle que l'approche distributionnelle donne des résultats particulièrement intéressants pour les verbes ; viennent ensuite les noms, puis les adjectifs, les différences entre ces trois catégories étant nettement significatives compte tenu du nombre d'entrées évaluées. Cette évaluation permet en outre d'observer le même phénomène que celui constaté dans (Ferret, 2010) de dépendance des résultats par rapport à la richesse de la ressource de référence. La plus grande richesse de *isc* par rapport *word* explique ainsi que les résultats avec la première soit supérieurs à ceux obtenus avec la seconde.

Enfin, le tableau 2 restreint cette évaluation aux 30 mots cibles de l'évaluation SemDis 2014, 10 cibles pour chacune des trois catégories morpho-syntaxiques considérées. Ces cibles regroupent des noms comme *capacité*, *vaisseau* ou *don*, des adjectifs comme *aisé*, *hermétique* ou *riche* et des verbes comme *faucher*, *éplucher* ou *arrêter*. Outre le fait de mettre en évidence l'absence de deux adjectifs cibles sur les dix dans FreDist, cette évaluation restreinte montre que ces mots cibles ne sont pas particulièrement « faciles » du point de vue distributionnel pour ce qui est de la synonymie stricte. La situation est en revanche plus favorable pour ce qui est des voisins sémantiquement plus distants. Néanmoins, compte tenu de la dimension très paradigmatique de la tâche de génération des substituts, il n'est pas certain que cette tendance soit très favorable.

4 Évaluation

Malgré le nombre nécessairement limité de soumissions possibles, en l'occurrence 5, nous avons cherché à tester l'influence de trois grands paramètres :

- la nature de la ressource proposant les substituts. Il s'agit des trois ressources évoquées à la section précédente, c'est-à-dire le dictionnaire de synonymes issu de Word XP (*word*), le dictionnaire de synonymes Dicosyn (*isc*) et le thésaurus distributionnel FreDist (*fredist*) ;
- la mesure de similarité appliquée entre les représentations lexicales distribuées afin de juger du degré de similarité de leurs mots associés : transformée de la distance euclidienne (*l2*) ou mesure cosinus (*cos*) ;
- les mots pris en compte pour la sélection du substitut, avec deux possibilités : soit le mot cible seul (*w2*), soit tous les mots pleins de la phrase à l'exception du mot cible (*sent*), ce dernier intervenant déjà au niveau de la génération des candidats substituts. La première possibilité correspond donc à une sélection sans prise en compte du contexte du mot cible.

Plus précisément, nous avons donc fait évaluer les cinq combinaisons suivantes (leur désignation reprenant l'intitulé des soumissions correspondantes) :

cea_list-isc_l2_sent distance euclidienne avec des substituts issus du dictionnaire Dicosyn et une sélection contextuelle ;

cea_list-isc_cos_sent distance cosinus avec des substituts issus du dictionnaire Dicosyn et une sélection contextuelle ;

cea_list-isc_cos_w2 distance cosinus avec des substituts issus du dictionnaire Dicosyn et une sélection non contextuelle ;

cea_list-fredist_cos_sent distance cosinus avec des substituts issus du thésaurus FreDist et une sélection contextuelle ;

cea_list-word_cos_sent distance cosinus avec des substituts issus du dictionnaire Word XP et une sélection contextuelle.

Les résultats globaux de l'évaluation de ces cinq combinaisons sont donnés par le tableau 3, au sein duquel figurent également les soumissions des autres participants (soumission [1-4]) ainsi que les résultats d'une approche de base fondée sur le dictionnaire Dicosyn. Le dictionnaire utilisé pour cette approche de base est *a priori* identique au dictionnaire de même nom que nous avons utilisé[7]. Deux mesures ont été calculées, reprenant celles définies pour l'évaluation SemEval 2007 (McCarthy & Navigli, 2007) : *best* correspond à la proportion de bons substituts en première position tandis que *oot* (*out of ten*) prend en compte les 10 premiers substituts proposés.

Concernant nos soumissions, le tableau 3 fait clairement apparaître l'influence importante de la ressource utilisée pour générer les substituts. Ainsi, le dictionnaire Dicosyn est clairement la moins bonne des solutions pour favoriser les bons substituts au rang 1 : la présence d'un plus grand nombre de choix, certains étant assez éloignés sémantiquement par rapport au mot cible, dégrade les performances à ce niveau et signifie par là même que la méthode proposée ne choisit pas les mots les plus similaires au mot cible sur le plan de la stricte équivalence sémantique. À l'inverse, ce dictionnaire permet d'obtenir de meilleures valeurs pour le score *oot*, ce qui peut s'expliquer par sa plus grande richesse. Le meilleur compromis est obtenu avec le dictionnaire de synonymes de Word XP, qui donne en particulier la meilleure valeur pour la mesure *best*. De façon intéressante, le thésaurus distributionnel FreDist se révèle un meilleur générateur de substitut au premier rang que le dictionnaire Dicosyn tout en rivalisant avec le dictionnaire de Word XP pour les 10 premiers substituts.

[7] Sans certitude néanmoins car il en existe plusieurs versions.

systèmes	best	oot
cea_list-isc_l2_sent	0,99	23,09
cea_list-isc_cos_sent	3,32	28,66
cea_list-isc_cos_w2	3,70	28,41
cea_list-fredist_cos_sent	4,00	23,61
base dicosyn	4,53	32,45
soumission 1	5,11	21,19
soumission 2	6,26	20,48
soumission 3	6,54	35,65
cea_list-word_cos_sent	7,51	23,57
soumission 4	9,70	40,17

TAB. 3 – Résultats globaux

Concernant les deux autres paramètres testés, il apparaît clairement que la mesure de similarité cosinus est supérieure à celle tirée de la distance euclidienne, en dépit du caractère dense des représentations lexicales distribuées qui sont manipulées. Enfin, l'influence de la prise en compte du contexte pour la sélection des substituts n'est pas manifeste. Certes, notre meilleure performance est obtenue avec cette configuration mais il semble que le dictionnaire de génération des substituts en soit principalement responsable : le peu de différence entre **cea_list-isc_cos_sent** et **cea_list-isc_cos_w2** suggère que la prise en compte du contexte est au mieux neutre, voire légèrement pénalisante, rejoignant en cela (Glickman *et al.*, 2006). Ajouté à cela, la performance supérieure de l'approche de base *base dicosyn* par rapport à **cea_list-isc_cos_w2** laisse à penser que l'utilisation des représentations issues du modèle neuronal est inférieure par rapport à un simple critère de fréquence. À ce stade, nous nous garderons néanmoins de conclure sur l'intérêt de ces représentations pour la substitution lexicale. Des expériences préliminaires de construction d'un thésaurus distributionnel s'appuyant sur ces représentations nous ont en effet montré que le thésaurus résultant est d'une qualité très médiocre[8] et très inférieure à ce qui a pu être obtenu pour l'anglais par (Ferret, 2014 à paraître). La possibilité d'un problème au niveau de la construction des représentations distribuées, par exemple lié à un problème d'encodage des caractères accentués, n'est donc pas à exclure et doit être explorée plus avant pour déterminer la cause de ces résultats.

	best			oot		
	nom	adjectif	verbe	nom	adjectif	verbe
cea_list-isc_l2_sent	0,35	1,16	1,47	16,28	22,99	30,00
cea_list-isc_cos_sent	2,53	3,43	4,02	23,29	**28,73**	**33,95**
cea_list-isc_cos_w2	2,95	4,08	4,07	24,27	28,10	32,87
cea_list-fredist_cos_sent	3,18	2,83	5,99	18,12	22,45	30,26
base dicosyn	4,36	4,04	5,20	29,37	33,62	34,35
soumission 1	5,21	4,00	6,11	23,26	16,63	23,70
soumission 2	5,44	7,20	6,13	19,09	21,07	21,30
soumission 3	5,53	5,40	8,71	31,12	39,58	36,26
cea_list-word_cos_sent	7,53	7,39	7,59	19,47	24,47	26,78
soumission 4	11,02	10,58	7,49	39,77	42,85	37,87

TAB. 4 – Résultats par catégorie morpho-syntaxique

Dans ce contexte, il convient donc d'être prudent en examinant les résultats par catégorie morpho-syntaxique présentés dans le tableau 4. On peut néanmoins constater que pour la mesure *oot*, nous obtenons systématiquement l'ordre suivant des catégories : verbe > adjectif > nom. Pour la mesure *best*, la tendance est moins marquée. Le fait que la richesse des ressources utilisées[9], en particulier le dictionnaire Dicosyn, obéisse à ce même ordre n'est sans doute pas étranger à ce constat, d'autant que cette richesse a une influence significative sur les résultats en général et sur les nôtres en particulier

[8]En prenant comme référence le dictionnaire Dicosyn et le dictionnaire de Word XP.

[9]Nombre moyen de synonymes ou de mots liés associés à une entrée.

comme nous l'avons vu précédemment. On peut par ailleurs noter que les performances pour les verbes, dont la plus forte polysémie pourrait représenter *a priori* une difficulté, sont comparables, voire supérieures dans un nombre significatif de cas, à celles des autres catégories.

Si l'on se situe à un niveau plus global, (Van de Cruys *et al.*, 2011) est le travail le plus comparable à ce que nous avons présenté, en particulier parce qu'il s'agit du seul travail à notre connaissance sur la substitution lexicale en français. Il partage également avec notre approche le fait d'exploiter des facteurs latents. Dans le cas de (Van de Cruys *et al.*, 2011), ces facteurs sont induits grâce à une méthode de factorisation en matrices positives (Lee & Seung, 2000) alors que nous nous appuyons sur un modèle neuronal. Néanmoins, l'exploitation de ces facteurs latents s'inscrit dans une approche probabiliste plus élaborée que notre approche de type « sac de mots », ce qui se traduit dans le meilleur des cas par une valeur de 10,64 pour la mesure *best* et de 35,32 pour la mesure *oot* sur un jeu de test en français différent de celui de SemDis 2014 et constitué de seulement 10 noms. Les performances du même modèle sur les données de l'évaluation SemEval 2007 (McCarthy & Navigli, 2007) – 8,81 pour la mesure *best* et de 30,49 pour la mesure *oot* – laissent à penser que ce jeu de test est sans doute un peu plus facile que celui de SemDis 2014 mais la différence des résultats, en particulier pour la mesure *oot* laisse peu d'équivoque sur la supériorité du modèle de (Van de Cruys *et al.*, 2011) par rapport à notre approche. Il est à noter cependant que ces performances restent en deçà des meilleurs résultats obtenus pour l'anglais dans le cadre de l'évaluation SemEval 2007 : 20,33 pour *best* et 68,90 pour *oot*, obtenues par (Giuliano *et al.*, 2007). Comme souligné dans (Van de Cruys *et al.*, 2011), les systèmes de SemEval 2007 exploitent un inventaire préalable de substituts possibles, ce qui n'est pas le cas de (Van de Cruys *et al.*, 2011) mais correspond à l'essentiel de nos soumissions, à l'exception de celui s'appuyant sur FreDist.

5 Conclusion

Dans cet article, nous avons présenté la participation du laboratoire LVIC à l'évaluation SemDis 2014 dédiée à la substitution lexicale. Cette participation s'est centrée sur l'utilisation d'une représentation distribuée des mots construite grâce à un modèle neuronal pour sélectionner les substituts les plus intéressants. Malgré une soumission positionnée en deuxième position pour la mesure *best*, les résultats obtenus montrent que des analyses complémentaires sont nécessaires pour juger de la qualité du modèle neuronal produit et donc, de son impact sur les résultats. Ceux-ci ont montré par ailleurs que l'utilisation d'une ressource assez riche pour générer les substituts peut être problématique et que l'utilisation d'un thésaurus distributionnel pour réaliser cette tâche n'est pas à exclure.

La méthode présentée étant assez simple, les améliorations possibles sont nombreuses. La première d'entre elles consiste bien évidemment à s'assurer que les représentations produites par le modèle neuronal sont adéquates. L'utilisation d'un plus grand corpus, tel que le frWaC, permettrait par ailleurs de juger de l'impact de la taille des corpus sur les résultats. Dans le cas particulier du frWaC, cette utilisation permettrait également de déterminer dans quelle mesure les représentations neuronales sont dépendantes de leur corpus de construction puisque les données d'évaluation ont été constituées à partir de ce corpus. Au-delà, les résultats obtenus par (Mikolov *et al.*, 2013a) sur les données du *Microsoft Sentence Completion Challenge* donnent des indications sur les possibilités d'exploiter ce type de représentations dans une architecture neuronale dédiée à la substitution lexicale. De telles représentations pourraient également être utilisées dans une approche supervisée reposant sur des classifieurs plus traditionnels.

Références

ANGUIANO E. H. & DENIS P. (2011). FreDist : Automatic construction of distributional thesauri for French. In *TALN 2011, session articles courts*, Montpellier, France.

AYACHE C., GRAU B. & VILNAT A. (2006). Equer : the french evaluation campaign of question-answering systems. In *5th International Conference on Language Resources and Evaluation (LREC 2006)*, p. 575–580, Genova, Italy.

BARONI M., DINU G. & KRUSZEWSKI G. (2014, to appear). Don't count, predict ! a systematic comparison of context-counting vs. context-predicting semantic vectors. In *52nd Annual Meeting of the Association for Computational Linguistics (ACL 2014)*.

BENGIO Y., DUCHARME R. & VINCENT P. (2003). A neural probabilistic language model. *Journal of Machine Learning Research*, **3**, 1137–1155.

BRUNI E., BOLEDA G., BARONI M. & TRAN N. K. (2012). Distributional semantics in technicolor. In *50th Annual Meeting of the Association for Computational Linguistics (ACL 2012)*, p. 136–145, Jeju Island, Korea.

COLLOBERT R., WESTON J., BATTOU L., KARLEN M., KAVUKCUOGLU K. & KUKSA P. (2011). Natural language processing (almost) from scratch. *Journal of Machine Learning Approach*, **12**, 2493–2537.

CURRAN J. R. & MOENS M. (2002). Improvements in automatic thesaurus extraction. In *Workshop of the ACL Special Interest Group on the Lexicon (SIGLEX)*, p. 59–66, Philadelphia, USA.

DINU G. & LAPATA M. (2010). Measuring distributional similarity in context. In *2010 Conference on Empirical Methods in Natural Language Processing (EMNLP 2010)*, p. 1162–1172, Cambridge, MA.

FERRET O. (2010). Testing semantic similarity measures for extracting synonyms from a corpus. In *7th International Conference on Language Resources and Evaluation (LREC'10)*, Valletta, Malta.

FERRET O. (2014, à paraître). Typing relations in distributional thesauri. Springer.

GABRILOVICH, EVGENIYAND MARKOVITCH S. (2007). Computing semantic relatedness using wikipedia-based explicit semantic analysis. In *IJCAI 2007*, p. 6–12.

GIULIANO C., GLIOZZO A. & STRAPPARAVA C. (2007). Fbk-irst : Lexical substitution task exploiting domain and syntagmatic coherence. In *Fourth International Workshop on Semantic Evaluations (SemEval-2007)*, p. 145–148, Prague, Czech Republic.

GLICKMAN O., DAGAN I., DAELEMANS W., KELLER M. & BENGIO S. (2006). Investigating lexical substitution scoring for subtitle generation. In *Tenth Conference on Computational Natural Language Learning (CoNLL-X)*, p. 45–52, New York City.

GOYAL A. & DAUME H. (2011). Generating semantic orientation lexicon using large data and thesaurus. In *2nd Workshop on Computational Approaches to Subjectivity and Sentiment Analysis (WASSA 2011)*, p. 37–43, Portland, Oregon.

GREFENSTETTE E., DINU G., ZHANG Y., SADRZADEH M. & BARONI M. (2013). Multi-step regression learning for compositional distributional semantics. In *10th International Conference on Computational Semantics (IWCS 2013)*, p. 131–142, Potsdam, Germany.

HENESTROZA ANGUIANO E. & CANDITO M. (2012). Probabilistic lexical generalization for french dependency parsing. In *ACL 2012 Joint Workshop on Statistical Parsing and Semantic Processing of Morphologically Rich Languages*, p. 1–11, Jeju, Republic of Korea.

HUANG E. H., SOCHER R., MANNING C. D. & NG A. Y. (2012). Improving word representations via global context and multiple word prototypes. In *50th Annual Meeting of the Association for Computational Linguistics (ACL'12)*, p. 873–882.

LANDAUER T. K. & DUMAIS S. T. (1997). A solution to Plato's problem : the latent semantic analysis theory of acquisition, induction, and representation of knowledge. *Psychological review*, **104**(2), 211–240.

LEE D. D. & SEUNG H. S. (2000). Algorithms for non-negative matrix factorization. p. 556–562.

MARTON Y. (2013). Distributional phrasal paraphrase generation for statistical machine translation. *ACM Transactions on Intelligent Systems and Technology*, **4**(3), 1–32.

MCCARTHY D. & NAVIGLI R. (2007). Semeval-2007 task 10 : English lexical substitution task. In *Fourth International Workshop on Semantic Evaluations (SemEval-2007)*, p. 48–53, Prague, Czech Republic.

MCCARTHY D. & NAVIGLI R. (2009). The english lexical substitution task. *Language Resources and Evaluation*, **43**(2), 139–159.

MIKOLOV T., CHEN K., CORRADO G. & DEAN J. (2013a). Efficient estimation of word representations in vector space. In *International Conference on Learning Representations 2013 (ICLR 2013), poster session.*

MIKOLOV T., YIH W.-T. & ZWEIG G. (2013b). Linguistic Regularities in Continuous Space Word Representations. In *2013 Conference of the North American Chapter of the Association for Computational Linguistics : Human Language Technologies (NAACL HLT 2013)*, p. 746–751, Atlanta, Georgia.

MIN B., SHI S., GRISHMAN R. & LIN C.-Y. (2012). Ensemble semantics for large-scale unsupervised relation extraction. In *2012 Joint Conference on Empirical Methods in Natural Language Processing and Computational Natural Language Learning (EMNLP-CoNLL 2012)*, p. 1027–1037, Jeju Island, Korea.

MORRIS J. & HIRST G. (2004). Non-classical lexical semantic relations. In *Workshop on Computational Lexical Semantics of Human Language Technology Conference of the North American Chapter of the Association for Computational Linguistics*, p. 46–51, Boston, MA.

PANTEL P., CRESTAN E., BORKOVSKY A., POPESCU A.-M. & VYAS V. (2009). Web-scale distributional similarity and entity set expansion. In *2009 Conference on Empirical Methods in Natural Language Processing (EMNLP 2009)*, p. 938–947, Singapore.

SCHMID H. (1994). Probabilistic Part-of-Speech Tagging Using Decision Trees. In *International Conference on New Methods in Language Processing*.

VAN DE CRUYS T., POIBEAU T. & KORHONEN A. (2011). Latent vector weighting for word meaning in context. In *2011 Conference on Empirical Methods in Natural Language Processing (EMNLP 2011)*, p. 1012–1022, Edinburgh, Scotland, UK.

ZWEIG G., PLATT J. C., MEEK C., BURGES C. J., YESSENALINA A. & LIU Q. (2012). Computational approaches to sentence completion. In *50th Annual Meeting of the Association for Computational Linguistics (ACL'12)*, p. 601–610, Jeju Island, Korea.

Le système WoDiS - WOLF & DIStributions pour la substitution lexicale

Kata Gábor
Alpage, INRIA Paris–Rocquencourt & Université Paris 7
Rocquencourt, BP 105, 78153 Le Chesnay Cedex, France
kata.gabor@inria.fr

Résumé. Le présent article décrit le système WoDiS pour la tâche de substitution lexicale SemDis-TALN 2014. L'algorithme mis en place exploite le WOLF (WordNet Libre du Français) pour générer des candidats de substitution ainsi que pour induire un regroupement des sens fondé sur la structure des synsets. Un espace vectoriel est ensuite créé pour caractériser les différents sens du mot cible à partir de données distributionnelles extraites d'un corpus. Lors de la désambiguïsation, cet espace est confronté au contexte par des méthodes empruntées au domaine de la classification thématique de documents. Pour surmonter le problème de l'insuffisance des données pour les sens peu fréquents, une expansion lexicale est appliquée au niveau des groupes de sens, qui permet de retrouver davantage de contextes caractéristiques et compenser le biais que présentent les vecteurs de mots induits de corpus. Le système a fini quatrième (sur neuf systèmes soumis) dans l'évaluation.

Abstract. In this paper we describe the WoDiS system, as entered in the SemDis-TALN2014 lexical substitution task. Substitution candidates are generated from the WOLF (WordNet Libre du Français) and are clustered according to the structure of the synsets containing them to reflect the different senses of the target word. These senses are represented in a vector space specific to the target word, based on distributional data extracted from a corpus. This vector space is then mapped to the context with simple topical similarity metrics used in document classification. To overcome the data sparseness problem while representing the less frequent senses, we apply a lexical expansion method which allows to extract a higher number of relevant contexts and to compensate for the bias present in corpus-based distributional vectors. Our system ranked fourth in the final evaluation.

Mots-clés : substitution lexicale, désambiguïsation de sens, sémantique distributionnelle, WordNet, WOLF.

Keywords: lexical substitution, word sense disambiguation, distributional semantics, WordNet, WOLF.

1 Introduction

La tâche de substitution lexicale consiste à proposer une ou plusieurs unités de substitution (mots simples ou composés) pour un mot dans une phrase, de manière à conserver le sens global de la phrase autant que possible. Il s'agit d'une adaptation au français de la tâche SemEval 2007 « Lexical Substitution » (McCarthy & Navigli, 2009). Le choix du substitut est libre : contrairement à la tâche de désambiguïsation de sens « standarde », aucun inventaire de sens ou de synonymes n'est proposé au préalable. L'évaluation s'étend ainsi aux ressources lexicales et/ou à la méthode de génération de candidats autant qu'à la désambiguïsation en contexte. L'évaluation des systèmes se fait en les confrontant aux réponses fournies par des annotateurs humains.

Les approches fréquemment utilisées consistent à extraire des candidats à partir d'un inventaire de sens ou de synonymes (typiquement un WordNet) et d'appliquer par la suite une méthode de désambiguïsation pour sélectionner le candidat qui s'adapte le mieux au contexte. C'est le cas notamment de la plupart des systèmes aboutis lors de la tâche de substitution lexicale pour SemEval 2007 (Hassan *et al.*, 2007; Martinez *et al.*, 2007). L'adéquation d'un répertoire de sens prédéfini a toutefois été contestée à plusieurs reprises (Véronis, 2003; Ide & Wilks, 2006) en raison de l'imprécision des distinctions de sens résultant d'une granularité trop fine, et de la rigidité des définitions due au caractère pré-établi de la ressource.
De nombreuses méthodes ont été proposées pour la désambiguïsation en contexte en s'appuyant sur des ressources externes d'information comme des définitions venant de dictionnaires (Lesk, 1986), des distances sémantiques extraites de WordNet (Aguirre & Rigau, 1996), de l'information sur la sélection sémantique (Carroll & McCarthy, 2000; Kohomban & Lee, 2005), où une combinaison de celles-ci (Stevenson & Wilks, 1999). La limitation de ces systèmes réside en leur

dépendance d'une (ou plusieurs) ressources externes avec une couverture finie. Ce problème peut être compensé par l'utilisation des résultats fournis par un moteur de recherche (Martinez *et al.*, 2007) ou un système de traduction automatique (Hassan *et al.*, 2007). D'un autre côté, des algorithmes d'apprentissage supervisé ont été appliqués avec succès à la tâche de désambiguïsation (Cabezas *et al.*, 2001; Lee *et al.*, 2004). Comme les modèles sont appris à partir de corpus annotés sémantiquement, ces systèmes doivent faire face au biais dans la distribution des sens : l'exactitude de la désambiguïsation baisse lorsqu'il y a un écart entre la distribution des sens dans les données d'apprentissage et les données de test (Aguirre & Martinez, 2000). L'exploration de dimensions sémantiques latentes, utilisées d'abord pour la classification de documents, commence récemment à gagner du terrain dans l'induction et la désambiguïsation non-supervisées de sens (Schütze, 1998; Véronis, 2004; Lin & Pantel, 2002; de Cruys & Apidianaki, 2011; de Cruys *et al.*, 2011).

L'algorithme de substitution WoDiS que nous proposons exploite le WOLF, une ressource de type WordNet pour le français, en tant que source primaire de candidats ; lorsque la couverture de celui-ci est insuffisante, il sera complété par une approche distributionnelle. Les candidats à la substitution fournis par le WOLF sont regroupés par sens, où un sens correspond à un ou plusieurs synsets imbriqués contenant le mot cible.
La phase de désambiguïsation est hybride : des connaissances venant de la structure du WordNet sont combinées avec un calcul de compatibilité contextuelle à partir du corpus FrWiki (de la Clergerie, 2010). Au coeur de la méthode est la notion « d'espace de désambiguïsation » spécifique à chaque mot cible. Il s'agit d'un espace vectoriel comprenant l'union des contextes spécifiques à chacun des sens du mot cible. Cet espace est construit à la volée à partir du corpus. Pour assurer une représentation équilibrée et ainsi minimiser le biais dans la distribution des sens, nous procédons à une expansion lexicale en consultants les synsets liés aux sens moins représentés.

Dans ce qui suit, nous allons présenter les ressources utilisées (2) et les détails de l'algorithme et de ses paramètres (3 et 4). La présentation est suivie de l'analyse des résultats (5). A la fin, nous tirons les conclusions et esquissons les perspectives (6).

2 Ressources utilisées

2.1 Le WOLF, inventaire de sens et de synonymes

Le WOLF (WordNet Libre du Français) est une ressource lexicale sémantique libre pour le français, de type WordNet. Cette ressource a été construite à partir du Princeton WordNet (PWN) (Fellbaum, 1998) et de diverses ressources multilingues (Sagot & Fiser, 2008). La méthode utilisée pour créer le WOLF est une méthode par *extension* (Vossen, 1999), suivant laquelle un ensemble de synsets (ensembles de synonymes) du PWN ont été traduits en français.

Dans la première version du WOLF, les traductions françaises des lexèmes monosémiques du PWN ont été notamment extraites à partir de Wikipédia et d'autres ressources wiki. Un corpus parallèle multilingue (JRC-Acquis (Steinberger *et al.*, 2006)) a permis de traiter également les lexèmes polysémiques de la manière suivante. Les informations fournies dans les lexiques obtenus à partir de l'alignement automatique du corpus multilingue en mots ont été combinées aux informations trouvées dans le PWN et dans les WordNets de plusieurs autres langues présentes dans le corpus (WordNets du roumain, du tchèque et du bulgare développés dans le cadre du projet BalkaNet). La désambiguïsation consistait à assigner un identifiant de sens (identifiant de synset) à chaque entrée polysémique du lexique. Pour chaque mot trouvé dans une entrée de ce type, à l'exception du lexème français, l'ensemble des identifiants des synsets auxquels il appartient ont été repérés dans le PWN (version 2.0) et les WordNets des autres langues (alignés sur le PWN 2.0). Ensuite, l'intersection des ensembles d'identifiants de synsets associés aux différents mots de chaque entrée était calculée. Si l'intersection était non vide, les synsets qu'elle contenait étaient attribués au lexème français de l'entrée.

Par la suite, plusieurs méthodes d'extension automatique ont été appliquées au WOLF dans le cadre du projet ANR EDyLex, notamment par induction et désambiguïsation de sens multilingues (Apidianaki & Sagot, 2012), ainsi que par la détection automatique de liens de dérivation (Gábor *et al.*, 2012). D'autres techniques ont été utilisées pour étendre le WOLF de façon massive (Sagot & Fišer, 2012; Hanoka & Sagot, 2012).

La version actuelle du WOLF, telle qu'elle a été utilisée pour la présente tâche, a bénéficié d'une validation manuelle partielle par deux annotateurs natifs. Des méthodes de filtrage automatique (Sagot & Fiser, 2012) ont également été utilisées, suivies d'efforts de validation manuelle des intrus, qui ont été retirés du WOLF. Au total, 4463 synsets ont été validés manuellement de façon partielle (pour certains lexèmes seulement) ou totale, pour un total de 7441 lexèmes validés.

La ressource résultant de ces travaux contient 32 351 synsets non vides regroupant 38 001 lexèmes distincts et couvrant les quatre catégories principales (noms, verbes, adjectifs, adverbes). Pour comparaison, le WordNet français (Jacquin *et al.*, 2007) développé dans le cadre du projet EUROWORDNET (Vossen, 1999) ne contient que 22 121 synsets nominaux et verbaux. Le WordNet JAWS (Mouton & de Chalendar, 2010) couvre 26 807 lexèmes nominaux. Néanmoins, les synsets non vides du WOLF ne représentent qu'une partie des synsets de PWN, qui contient 115 24 synsets pour 145 627 lexèmes. Un des objectifs du présent travail est d'évaluer la couverture et la précision/fiabilité du WOLF dans le cadre d'une tâche sémantique.

2.2 Le corpus FrWiki

Ce corpus est utilisé par le système WoDiS pour compléter, selon la nécessité, la liste de candidats fournis par le WOLF en générant des candidats par similarité distributionnelle, ainsi que pour ordonner les candidats dans la phase de désambiguïsation en contexte. Le composant distributionnel de l'algorithme exploite les résultats d'analyse syntaxique produits par l'analyseur FRMG-TAG (de la Clergerie, 2010) sur le corpus FrWiki, constitué du Wikipedia français. Ce corpus contient 17.97M de phrases et 178.9M de mots. Il a été choisi pour son caractère encyclopédique, représentatif du domaine général. Plus spécifiquement, nous nous attendons à ce que tous les sens du mot cible y soient représentés, avec une distribution moins biaisée que dans le cas de corpus spécialisés tels que les corpus journalistiques où certains sens peuvent être complètement absents.

avocat_nc	modifieur	politique_adj	400
avocat_nc	modifieur	français_adj	330
homme_nc	et	avocat_nc	224
profession_nc	de	avocat_nc	138
cabinet_nc	de	avocat_nc	131
avocat_nc	modifieur	mûr_adj	1
graine_nc	de	avocat_nc	1
avocat_nc	attribut	arbre_nc	1

TABLE 1 – Exemples de dépendances

Le corpus a été parsé avec l'analyseur FRMG-TAG et les résultats d'analyse (de la Clergerie, 2010) sont fournis sous forme de dépendances (Tableau 1). Un triplet de dépendance tel qu'il est extrait du corpus contient une paire de mots et l'étiquette de la relation qui les relie (p.ex. sujet, objet, modifieur, complément de préposition). Les vecteurs de co-occurrence caractérisant la distribution des mots ont été calculés à partir de ces triplets, c'est-à-dire que l'espace sur lequel la distribution des mots est représentée se limite aux mots du contexte qui entrent dans une relation de dépendance directe avec celui-ci. Cependant, comme nous allons voir dans les sections 3.2 et 4.3, l'algorithme ne requiert pas d'analyse syntaxique et peut être appliqué à un espace vectoriel obtenu à partir d'une représentation « sac de mots ».

3 Génération de candidats de substitution

Notre méthode consiste à extraire des candidats-synonymes par groupes, correspondant aux différents sens du mot cible. Nous exploitons la structure du WOLF, identique à celle du Princeton WordNet. D'un côté, notre objectif est de retrouver tous les sens distincts liés au mot cible pour 1) générer des candidats pour chaque sens et 2) générer une représentation distributionnelle distinctive et caractéristique pour ces sens. De l'autre côté, nous souhaitons éliminer les synsets qui correspondent à des distinctions issues d'une granularité trop fine et qui seraient ainsi trop difficiles à désambiguïser.

3.1 Candidats extraits du WOLF

Dans le WOLF, ainsi que dans le Princeton WordNet, les mots sont regroupés dans des classes de synonymes appelées synsets. Pour obtenir des synonymes, nous avons besoin d'identifier les synsets qui contiennent le mot cible et d'extraire les autres mots présents dans le synset. Le problème de manque de synonymes, rapporté par rapport au PWN (Hassan *et al.*, 2007) utilisé par la majorité des participants de la tâche de substitution SemEval 2007, nous a également amenés à élargir la recherche aux hyperonymes. A défaut de synonymes dans un synset, nous avons donc extrait les hyperonymes directs. Par exemple, le mot *avocat* qui figure dans les données d'essai n'a pas de synonyme dans le sens « fruit » ; alors que les annotateurs ont recours à une paraphrase (*fruit de l'avocatier*), nous avons extrait l'hyperonyme « fruit ». Notons que selon les instructions SemEval 2007, l'utilisation d'hyperonymes est permise aux annotateurs : « *You may also put a substitute that is close in meaning, even though it doesn't preserve the meaning. In such cases, please aim for a word as close as possible to the meaning of the test word, and preferably one more general than the target word*[1]. »

WordNet est une ressource sémantique caractérisée par une granularité fine : certains synsets proches correspondent à des distinctions mineures et non pertinentes dans le cadre de la présente tâche. La construction du PWN et les autres WordNets suivant son modèle s'adaptent à la tradition lexicographique basée sur une énumération des sens, plus ou moins guidée par l'introspection. Cependant, il a été démontré (Véronis, 2003; Kuti *et al.*, 2010) que ces ressources sémantiques énumératives ne constituent pas un inventaire de sens fiable pour l'étiquetage en sens (dont la présente tâche est proche), d'où l'accord inter-annotateurs faible rapporté pour la discrimination de sens en contexte. Véronis (2003) explique ce problème par le manque d'informations distributionnelles dans les ressources actuellement utilisées, dont les WordNets. Nous sommes ainsi confrontés à des distinctions sémantiques non pertinentes du point de vue de la tâche. Bien que nous ne puissions pas induire la distance sémantique entre des noeuds du même niveau à partir de propriétés structurelles, nous pouvons toujours accéder au contenu lexical des synsets. C'est pour cette raison que nous avons décidé d'unifier les paires de synsets qui contenaient exactement les mêmes éléments lexicaux, ainsi que celles dont le plus petit constituait un sous-ensemble du plus grand. Désormais, les synsets résultant d'une unification seront gérés comme les synsets extraits tels quels ; pour les raisons mentionnées ci-dessus, nous n'accordons pas une présence supérieure aux candidats qui figurent dans plusieurs synsets.
Le tableau 2 montre la proportion des candidats obtenus pour les données d'évaluation après les unifications.

catégorie	# synsets par mot	# candidats par mot	# mots absents dans le WOLF
verbe	7.2	22.7	1
adjectif	1.9	5.5	3
nom	5.9	11.4	1

TABLE 2 – Candidats dans le WOLF

Outre le degré de polysémie du mot cible, les facteurs qui influencent la quantité de synsets et de candidats extraits incluent la granularité hérité du PWN et la couverture du WOLF pour les synsets en question.

3.2 Candidats extraits par similarité distributionnelle

Pour les mots cibles qui n'ont été trouvés dans aucun synset du WOLF, nous avons généré des candidats-synonymes par similarité distributionnelle, calculée selon leur représentation extraite du corpus FrWiki. Un espace vectoriel a été créé pour chaque mot absent du WOLF. Les vecteurs de co-occurrence ont été constitués en prenant les co-occurrences du mot cible avec les lemmes figurant dans son contexte, notamment ceux qui ont une relation de dépendance avec le mot cible. Toutes les relations sont considérées et le type de dépendance ne fait pas partie de la représentation. La méthode s'apprête ainsi à l'utilisation pour un espace « sac de mots » à défaut d'un corpus parsé.

Pour chaque mot candidat c et chaque élément du contexte w, les vecteurs ont ensuite été pondérés par le poids tf-idf adapté :

$$tf - idf_{c,w} = (tf_{c,w} \times idf_w) \quad (1)$$

où *tf* correspond à la fréquence de co-occurrence de c avec w observée sur l'ensemble des relations de dépendance, à l'échelle logarithmique[2] :

1. http ://www.informatics.susx.ac.uk/research/nlp/mccarthy/files/instructions.pdf
2. $tf_{c,w} = tf - idf_{c,w} = 0$ si $freq(c, w) = 0$

$$tf_{c,w} = \log freq(c, w) \tag{2}$$

et la mesure *idf* d'un élément de contexte *w* donne la spécificité de celui-ci sur la totalité des relations de dépendance *R* extraits du corpus [3] :

$$idf_w = \log \frac{|R|}{|r \in R : w \in r|} \tag{3}$$

La similarité entre le vecteur du mot cible *x* et ceux des candidats *y* a été calculée par la similarité cosine $sim_{cos}(x, y)$, en prenant en compte leurs co-occurrences pondérées avec les éléments du contexte *w* :

$$sim(x, y) = \frac{x \cdot y}{|x|\,|y|} = \frac{\sum_{w=1}^{n} x_w \times y_w}{\sqrt{\sum_{w=1}^{n} x_w^2} \times \sqrt{\sum_{w=1}^{n} y_w^2}} \tag{4}$$

Pour chaque mot cible, nous avons retenu les dix premiers candidats appartenant à la même catégorie grammaticale [4]. Comme notre approche distributionnelle ne permet pas d'induire un regroupement des sens du mot cible, nous ne savons pas avec quel sens les candidats distributionnels sont mis en correspondance. Par conséquent, nous traitons chaque candidat comme correspondant à un sens distinct. Nous générons ainsi dix classes, c'est-à-dire des pseudo-synsets, avec un candidat par classe.

4 Désambiguïsation en contexte

4.1 Caractérisation des sens - expansion lexicale

Bien que le corpus FrWiki soit une ressource encyclopédique, le tableau 1 indique un biais clair envers les sens dominants, ne fournissant que des exemples sporadiques pour les contextes caractéristiques aux sens moins fréquents. Ceci implique d'une part que nous ne disposons que d'un nombre limité de contextes pour les sens moins fréquents, dont l'apparition ou l'absence dans le corpus reste aléatoire. Une classification non-supervisée des contextes d'apparition du mot cible permet d'induire les différents sens de celui-ci, ainsi que d'associer des contextes spécifiques à chacun de ses sens ; cependant, le biais observé dans la distribution des contextes rend cette classification difficile à réaliser. D'autre part, nous disposons d'une classification de candidats basée sur la structure du WOLF et extraite lors de la génération de candidats (3.1). Nous nous sommes donc concentrés sur cette classification de sens pour identifier les contextes distinctifs associés. Sachant que dans le WOLF, qui est une ressource construite de manière automatique, les sens marginaux sont également moins bien représentés, nous avons eu recours à une expansion lexicale pour peupler davantage ces synsets.

L'objectif de cette expansion lexicale est de pouvoir caractériser chaque candidat-synset par un ensemble de contextes spécifiques et distinctifs : c'est-à-dire des contextes partagés entre les mots appartenant à ce synset ou y étant reliés par une relation sémantique forte. Pour chaque synset marginal ne contenant qu'un seul candidat de substitution, nous avons ainsi extrait les synsets reliés à celui-ci par une des relations suivantes : hyperonymie, « category_domain » ou « mero_part ». Les mots appartenant aux synsets reliés ont été rajoutés au contenu de candidat-synset en question. Ces synsets enrichis permettent de créer un espace vectoriel à partir des contextes distinctifs pour chaque sens de chaque mot cible (4.2). Il est cependant à noter que l'expansion lexicale ne change pas la liste des candidats à la substitution, qui reste limitée aux candidats générés comme décrit dans 3.1 et 3.2.

3. La mesure peut être adaptée à une représentation en sac de mots en remplaçant la spécificité des éléments de contexte sur les relations syntaxiques par leur spécificté sur l'ensemble des mots cibles.

4. Nous avons décidé de limiter le nombre des candidats distributionnels par rapport à la moyenne des candidats extraits du WOLF pour les données d'essai (14.5 par mot cible) : compte tenu du fait que le choix du candidat en fonction du contexte se fera également en s'appuyant sur des critères distributionnels, les candidats distributionnels erronés seront plus difficiles à exclure

4.2 Création de l'espace de désambiguïsation

La méthode conçue pour désambiguïser le mot cible en contexte repose sur l'idée de créer un « espace de désambiguïsation » propre à chaque mot cible, qui permet de calculer une valeur de compatibilité entre les candidats de substitution proposés et le contexte. Cet espace est constitué de l'union des contextes spécifiques aux différents sens du mot cible, sur lequel chaque candidat sera représenté en fonction de ses co-occurrences observées dans le corpus.

L'espace de désambiguïsation est construit de la manière suivante. Pour chaque synset *S* retenu pour le mot cible et enrichi, si besoin, selon ce qui est décrit dans 4.1, nous cherchons dans le corpus les contextes *w* (hors mots grammaticaux) qui lui sont spécifiques selon la formule suivante :

$$spec_{w,S} = \sum_{s \in S} tf - idf_{s,w} \qquad (5)$$

Les contextes *w* seront donc ordonnés selon la somme de leurs valeurs *tf-idf* avec les mots *s* liés au synset[5]. Ces contextes peuvent être partagés entre les différents synsets du même mot cible, dans les cas des paires de synsets qui représentent des sens proches. Ceci ne représente pas un inconvénient, puisque notre but est d'ordonner directement les candidats-synonymes (qui peuvent éventuellement appartenir à plusieurs synsets), sans passer par l'étape de désambiguïser entre les synsets. Les expériences menées sur les données d'essai nous ont amenés à fixer en 200 la limite des contextes retenus par synset. L'espace de désambiguïsation du mot cible est créé en prenant l'union des contextes retenus pour chacun de ses sens ; la taille de l'espace est variable en fonction du nombre des sens entre lesquels nous devons désambiguïser.

Par la suite, chaque candidat (indépendamment de son synset d'origine) sera représenté sur cet espace, à la base de ses co-occurrences avec les éléments de contexte constituant l'espace. Trois représentations différentes ont été utilisées sur les données d'essai (tableau 3). La première représentation correspond simplement à la fréquence de co-occurrence du candidat *c* avec les éléments du contexte *w* ; la deuxième, à la fréquence relative ; la troisième est construite à partir de la deuxième, en normalisant les vecteurs par la moyenne et l'écart type pour atténuer le biais vers les candidats plus fréquents.

co-occurrences	$freq(c, w)$
fréquence relative	$\frac{freq(c, w)}{freq(c)}$
fréquence normalisée	$\frac{\frac{freq(c,w)}{freq(c)} - \mu}{\sqrt{\frac{\sigma^2}{N}}}$

TABLE 3 – Représentations des candidats de substitution sur l'espace de désambiguïsation

4.3 Classement des candidats selon le contexte

La phase de désambiguïsation consiste à confronter le contexte de phrase à la représentation vectorielle de chaque candidat. Pour ce faire, nous procédons d'abord à la lemmatisation de la phrase avec l'outil SxPipe (Sagot & Boullier, 2008). Nous créons ensuite un vecteur de phrase sur le même espace vectoriel que nous utilisons pour désambiguïser le mot cible. Le vecteur de phrase *p* est donné par la projection des mots *i* du vecteur de désambiguïsation par une simple fonction caractéristique :

$$p_i = \begin{cases} 1, & \text{si } i \text{ apparaît dans la phrase} \\ 0, & \text{ailleurs} \end{cases}$$

5. La valeur est toujours calculée par rapport au corpus entier.

Notons que les mots grammaticaux, absents des vecteurs de désambiguïsation, ne seront pas pris en compte lors de la désambiguïsation en contexte.
Finalement, pour associer une valeur aux candidats de substitution en fonction du contexte de phrase, nous prenons le produit scalaire du vecteur de désambiguïsation du candidat c avec le vecteur de phrase p :

$$compatibility(c, p) = c \cdot p = \sum_{i=1}^{n} c_i \times p_i \quad (6)$$

Autrement dit, la valeur de compatibilité du candidat est calculée à partir des mots de la phrase faisant partie de l'ensemble des contextes de désambiguïsation du mot cible, avec le poids qui leur est associé par le candidat. Les candidats seront ordonnés par la valeur de compatibilité, et les dix premiers seront retenus pour l'évaluation.

5 Résultats

Les trois représentations du tableau 3 ont été appliquées aux données d'essai avec les résultats indiqués par le tableau 4. Nous avons retenu la fréquence relative normalisée, qui a produit les meilleurs résultats sur les données d'essai, pour l'évaluation.

données	type de vecteur	best	oot
test	co-occurrences	0.0402	0.2754
test	fréquence relative	0.0545	0.2600
test	fréquence normalisée	0.0601	0.2573
éval	fréquence normalisée	0.0626	0.2048

TABLE 4 – Résultats

Comme le système WoDiS utilise un nombre limité de candidats à la substitution, la mesure oot peut être interprétée en tant qu'indicateur de l'adéquation relative du WOLF comme source de candidats. Les résultats de l'évaluation suggèrent que le dictionnaire Dicosyn, qui sert de baseline, est plus adapté à la tâche : nous observons une valeur oot de 0.2048 pour WoDiS/WOLF contre une valeur de 0.3245 pour Dicosyn, qui s'est d'ailleurs montré meilleur que la plupart des systèmes en compétition en termes de mesure oot. La couverture du WOLF paraît donc encore limitée pour cette tâche. Il est intéressant de noter que le nombre des candidats trouvés dans le WOLF n'augmente pas automatiquement la probabilité d'y retrouver le bon candidat pour un contexte donné (figure 1). Ceci est certainement dû au fait que le WOLF a été rempli de manière automatique et non pas de manière exhaustive, à partir d'une liste de lemmes fréquents.

FIGURE 1 – Contextes couverts par le WOLF en fonction du nombre des candidats

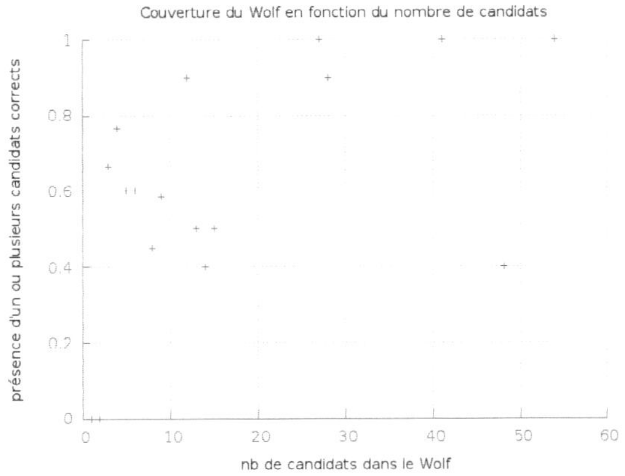

Si nous nous limitons à l'évaluation des candidats distributionnels (10 candidats par mot cible pour 5 mots : notamment

le verbe *taper*, le nom *montée* et les adjectifs *vaseux, hermétique* et *incorrect*), nous voyons que la mesure oot monte à 0.2461, nous produisons donc davantage de bons candidats à partir du corpus qu'à partir du WOLF. La qualité de ces candidats distributionnels reste cependant variable. Une des problématiques bien connues concernant la mise en relation de lemmes par la similarité de leurs contextes est que cette méthode ne permet pas de distinguer la synonymie des autres types de relations comme l'hyperonymie, l'antonymie ou une simple similarité thématique. Par exemple, les candidats distributionnels proposés pour le mot *incorrect* incluent *correct, exact, précis* et *approprié*. De l'autre côté, nous retrouvons les sens bien distincts du mot *taper* dans les candidats distributionnels *frapper, saisir, écrire* et *recevoir* (pour *se taper*).

Si nous nous concentrons sur la mesure best - plus informative que la mesure oot étant donné la quantité limitée de candidats - l'analyse des erreurs nous révèle que 51% des mauvaises substitutions (les cas où la meilleure proposition du système ne figure pas parmi les propositions des annotateurs) sont dues à l'absence d'un bon candidat, alors que dans 49% des cas, la désambiguïsation est erronée. Une évaluation effectuée uniquement sur les 180 phrases pour lesquelles nous avons pu extraire au moins un bon candidat du WOLF donne une mesure oot de 0.3342, soit proche du baseline Dicosyn, alors que la précision de désambiguïsation monte jusqu'à une valeur best de 0.1031, comparable au meilleur système. Nous constatons également que le WOLF, malgré sa couverture limitée, s'apprête mieux à la tâche de désambiguïsation. Si nous comparons la performance en termes de la mesure best, nous observons une dégradation sur les mots pour lesquels nous n'avons que des candidats distributionnels (0.0520).

Notons également que l'algorithme du système WoDiS n'utilise pas de dimensions latentes : les valeurs de compatibilité sont estimées directement à partir de co-occurrences observées dans le corpus. Il peut arriver qu'aucun mot du contexte de phrase ne figure parmi les contextes de désambiguïsation retenus ; dans ce cas, chaque candidat aura une valeur de compatibilité de 0 et ils seront ordonnés de manière aléatoire. Il nous semblait donc judicieux de vérifier l'impact que peut avoir le manque d'information sur les résultats. Nous avons trouvé que le nombre total des décisions non informées lors du choix de candidat est de 29 (9.6%). Cependant, dans 5.6% des cas - soit la majorité des cas de manque d'information - aucun des candidats extraits n'est correct, ce qui explique l'impossibilité de la mise en relation avec le contexte de phrase.

FIGURE 2 – Bonnes substitutions selon le nombre de candidats

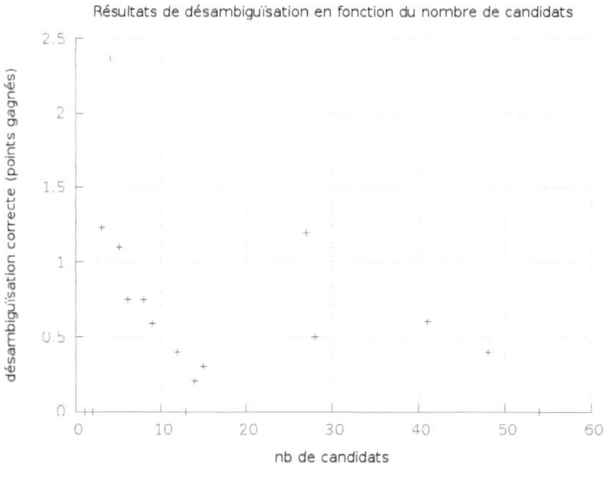

Comme nous pouvons remarquer sur le tableau 2, la quantité des candidats varie fortement en fonction de la catégorie du mot cible. Il est évident que la désambiguïsation devient plus difficile avec l'augmentation du nombre des candidats : la figure 2 illustre la dégradation des résultats en fonction du nombre des candidats, pour montrer une légère remontée pour les mots avec une très grande quantité de candidats, pour lesquels le problème de l'absence d'un bon candidat ne se présente plus. Sur l'ensemble des tâches de génération de candidats et de désambiguïsation, les meilleurs résultats sont obtenus pour les mots cible avec 3-6 candidats. Ceci peut expliquer que le résultat du système sur les adjectifs est significativement meilleur que sur les autres catégories.

6 Conclusion et perspectives

Nous avons présenté le système de substitution lexicale WoDiS. La tâche de substitution est accomplie en deux étapes. Les candidats à la substitution sont extraits à partir du WOLF ou, à défaut, à partir du corpus FrWiki par similarité distributionnelle. La méthode de désambiguïsation consiste à créer un espace vectoriel sur lequel chaque candidat sera représenté. La confrontation de cet espace aux mots du contexte nous permet d'ordonner les candidats selon leur compatibilité avec la phrase.
La méthode proposée s'appuie sur la structure du WOLF lors de la construction de l'espace de désambiguïsation. L'évaluation a permis de constater que la couverture de cette ressource est relativement limitée pour la tâche, puisque nous trouvons davantage de candidats corrects proposés par la méthode distributionnelle qu'en consultant le WOLF. Cependant, la structure du WOLF peut être exploitée pour obtenir davantage d'informations sur les différents sens du mot cible, et par conséquent, il permet d'aboutir à une meilleure désambiguïsation.
La méthode proposée est rapide et ne nécessite ni de données annotées, ni une analyse linguistique profonde. Bien que nous nous soyons servis des relations de dépendance extraites d'un corpus avec une analyse syntaxique, l'algorithme peut être également utilisé avec une représentation en sac de mots. Le problème de l'insuffisance des données est adressé par une expansion lexicale au niveau des groupes de candidats.

Les limitations connues du système WoDiS portent d'une part sur sa forte dépendance sur l'inventaire de synonymes utilisé, d'autre part sur le problème de l'insuffisance éventuelle des données contextuelles qui permettent d'ordonner les candidats. Par conséquent, les améliorations envisagées incluent l'utilisation d'une expansion lexicale pour les données du contexte. Une meilleure combinaison des candidats distributionnels avec les candidats proposés par le WOLF devrait également permettre d'augmenter la précision.

7 Remerciements

Je remercie Eric de la Clergerie d'avoir mis le corpus analysé à ma disposition, et Benoît Sagot pour son aide dans l'extraction des relations du WOLF et dans l'évaluation.

Références

AGUIRRE E. & MARTINEZ D. (2000). Exploring automatic word sense disambiguation with decision lists and the web. In *Procedings of the COLING 2000 Workshop on Semantic Annotation and Intelligent Content.*

AGUIRRE E. & RIGAU G. (1996). Word sense disambiguation using conceptual density. In *Proceedings of COLING'96*, p. 16–22.

APIDIANAKI M. & SAGOT B. (2012). Applying cross-lingual wsd to wordnet development. In *Proceedings of the 8th International Conference on Language Resources and Evaluation (LREC 2012)*, p. 833–840 : European Language Resources Association (ELRA).

CABEZAS C., RESNIK P. & STEVENS J. (2001). Supervised sense tagging using support vector machines. In *In Proceedings of the Second International Workshop on Evaluating Word Sense Disambiguation Systems (SENSEVAL-2*, p. 59–62.

CARROLL J. & MCCARTHY D. (2000). Word sense disambiguation using automatically acquired verbal preferences. *Computers and the Humanities*, **34**, 109–114.

DE CRUYS T. V. & APIDIANAKI M. (2011). Latent semantic word sense induction and disambiguation. In *Proceedings of the 49th Annual Meeting of the Association for Computational Linguistics* : The Association for Computer Linguistics.

DE CRUYS T. V., POIBEAU T. & KORHONEN A. (2011). Latent vector weighting for word meaning in context. In *Proceedings of the EMNLP 2011 Conference*, p. 1012–1022 : ACL.

DE LA CLERGERIE E. (2010). Convertir des dérivations TAG en dépendances. In *Actes de TALN'10 17e Conférence Annuelle sur le Traitement Automatique des Langues Naturelles (TALN-2010)*, Montreal, Canada.

FELLBAUM C. (1998). *WordNet : An Electronic Lexical Database*. MIT Press.

GÁBOR K., APIDIANAKI M., SAGOT B. & DE LA CLERGERIE E. (2012). Boosting the coverage of a semantic lexicon by automatically extracted event nominalizations. In *Proceedings of the 8th International Conference on Language Resources and Evaluation (LREC 2012)*, p. 1466–1473 : European Language Resources Association (ELRA).

HANOKA V. & SAGOT B. (2012). Wordnet creation and extension made simple : A multilingual lexicon-based approach using wiki resources. In *LREC 2012 : 8th international conference on Language Resources and Evaluation*, Istanbul, Turquie.

HASSAN S., CSOMAI A., BANEA C., SINHA R. & MIHALCEA R. (2007). Unt : Subfinder : Combining knowledge sources for automatic lexical substitution. In *Proceedings of the Fourth International Workshop on Semantic Evaluations (SemEval-2007)*, Prague, Czech Republic : Association for Computational Linguistics.

IDE N. & WILKS Y. (2006). Making sense about sense. In *Word Sense Disambiguation : Algorithms and Applications*, volume 33 of *Text, Speech and Language Technology*, p. 47–74. Dordrecht, The Netherlands : Springer.

JACQUIN C., DESMONTILS E. & MONCEAUX L. (2007). French eurowordnet lexical database improvements. In *Proceedings of the CICLing Conference*, volume 4394 of *Lecture Notes in Computer Science*, p. 12–22 : Springer.

KOHOMBAN U. S. & LEE W. S. (2005). Learning semantic classes for word sense disambiguation. In *Proceedings of the 43rd Annual Meeting of the Association for Computational Linguistics, ACL 2005*.

KUTI J., HÉJA E. & SASS B. (2010). Sense disambiguation - ambiguous sensation ? evaluating sense inventories for verbal wsd in hungarian. In *Proceedings of the 7th International Conference on Language Resources and Evaluation (LREC 2010)* : European Language Resources Association (ELRA).

LEE Y. K., NG H. T. & CHIA T. K. (2004). Supervised word sense disambiguation with support vector machines and multiple knowledge sources. In *Senseval-3 : Third International Workshop on the Evaluation of Systems for the Semantic Analysis of Text*, p. 137–140.

LESK M. (1986). Automatic sense disambiguation using machine readable dictionaries : How to tell a pine cone from a ice cream cone. In *Proceedings of SIGDOC-1986*.

LIN D. & PANTEL P. (2002). Concept discovery from text. In *Proceedings of the 19th International Conference on Computational Linguistics (COLING)*.

MARTINEZ D., KIM S. N. & BALDWIN T. (2007). Melb-mkb : Lexical substitution system based on relatives in context. In *Proceedings of the Fourth International Workshop on Semantic Evaluations (SemEval-2007)*, Prague, Czech Republic : Association for Computational Linguistics.

MCCARTHY D. & NAVIGLI R. (2009). The english lexical substitution task. *Language Resources and Evaluation*, **43**(2), 139–159.

MOUTON C. & DE CHALENDAR G. (2010). JAWS : Just another WordNet subset. In ATALA, Ed., *Actes de TALN 2010*, Montréal, Canada.

SAGOT B. & BOULLIER P. (2008). SxPipe 2 : architecture pour le traitement pré-syntaxique de corpus bruts. *Traitement Automatique des Langues*, **49**(2), 155–188.

SAGOT B. & FISER D. (2008). Building a free french wordnet from multilingual resources. In *Ontolex 2008*, Marrakech, Maroc.

SAGOT B. & FIŠER D. (2012). Automatic Extension of WOLF. In *GWC2012 - 6th International Global Wordnet Conference*, Matsue, Japon.

SAGOT B. & FISER D. (2012). Cleaning noisy wordnets. In *Proceedings of the 8th International Conference on Language Resources and Evaluation (LREC 2012)*, p. 3468–3472 : European Language Resources Association (ELRA).

SCHÜTZE H. (1998). Automatic word sense discrimination. *Computational Linguistics*, **24**(1), 97–124.

STEINBERGER R., POULIQUEN B., WIDIGER A., IGNAT C., ERJAVEC T., TUFIS D. & VARGA D. (2006). The jrc-acquis : A multilingual aligned parallel corpus with 20+ languages. In *Proceedings of the 5th International Conference on Language Resources and Evaluation (LREC'2006)*.

STEVENSON M. & WILKS Y. (1999). Combining weak knowledge sources for sense disambiguation. In *Proceedings of the International Joint Conference for Artificial Intelligence (IJCAI-99)*.

VÉRONIS J. (2003). Sense tagging : does it make sense ? In *Corpus Linguistics by the Lune : a festschrift for Geoffrey Leech*. Frankfurt : Peter Lang.

VÉRONIS J. (2004). Hyperlex : lexical cartography for information retrieval. *Computer Speech & Language*, **18**(3), 223–252.

P. VOSSEN, Ed. (1999). *EuroWordNet : a multilingual database with lexical semantic networks for European languages*. Dordrecht : Kluwer.

Analyse distributionnelle de corpus spécialisés pour l'identification de relations lexico-sémantiques

Gabriel Bernier-Colborne[1]
(1) OLST, Université de Montréal
CP 6128, succ. Centre-Ville, Montréal (QC) Canada, H3C 3J7
gabriel.bernier-colborne@umontreal.ca

Résumé. Nous décrivons une étude visant à repérer automatiquement des relations lexico-sémantiques à partir de corpus spécialisés au moyen d'une méthode d'analyse distributionnelle. Les résultats obtenus montrent qu'un modèle non structuré, basé sur la cooccurrence des mots dans le corpus, permet d'obtenir, pour un terme donné, des termes reliés sur le plan paradigmatique (quasi-synonymes, antonymes, hyponymes). Nous discuterons la méthodologie d'évaluation et de sélection des paramètres, qui exploite des données extraites d'un dictionnaire spécialisé. Nous analyserons l'influence de paramètres tels que la forme et la taille de la fenêtre de contexte, la pondération des statistiques et l'utilisation d'une technique de réduction de dimension. Nous comparerons également les relations identifiées dans deux corpus, un portant sur le domaine de l'environnement et l'autre, sur le traitement automatique de la langue.

Abstract. We describe an experiment wherein a word space model is used to automatically extract lexico-semantic relations from specialized corpora. Results show that an unstructured model, which exploits basic word cooccurrence information, can effectively identify paradigmatically related terms (near synonyms, antonyms, hyponyms) given a target term. We discuss the parameter selection and evaluation methodologies, which rely on data extracted from a specialized dictionary. We analyze the impact of parameters such as the shape and size of the context window, the weighting scheme and the use of dimensionality reduction. We also compare the relations identified in two specialized corpora, one dealing with the environment and the other pertaining to natural language processing.

Mots-clés : Sémantique distributionnelle, sémantique computationnelle, relations lexico-sémantiques, corpus spécialisé, terminologie.

Keywords: Distributional semantics, computational semantics, lexico-semantic relations, specialized corpora, terminology.

1 Introduction

Dans le cadre d'un projet portant sur l'identification de thématiques en corpus spécialisé, nous cherchons à extraire des relations lexico-sémantiques à partir de données textuelles. Notre objectif est d'obtenir, à partir d'un terme donné, des termes dont le sens est relié à celui de la requête ; dans cet article, nous nous intéresserons particulièrement à une classe de relations paradigmatiques classiques, à savoir la (quasi-)synonymie, l'antonymie et l'hyponymie. Il n'est pas important, du moins à cette étape du projet, que les relations extraites soient étiquetées, seulement qu'elles concernent des termes du domaine ciblé pour le projet et qu'elles appartiennent à cette classe particulière de relations.

Les techniques de la sémantique distributionnelle apparaissent comme un moyen efficace de réaliser cette tâche. Celles-ci sont basées sur l'hypothèse distributionnelle, d'abord formulée par (Harris, 1954), selon laquelle les mots apparaissant dans des contextes similaires ont tendance à présenter des affinités sémantiques. Ces techniques ont d'abord été déployées sur des corpus spécialisés, "puisque c'est précisément pour traiter des données de ce type qu'a été formulée l'hypothèse distributionnelle" (Morlane-Hondère & Fabre, 2012, p. 1001). La tendance actuelle consiste plutôt à utiliser des corpus les plus gros possibles, provenant souvent de sources hétérogènes, dont le nombre de mots dépasse souvent le milliard. (Adam *et al.*, 2013) soulignent cette tendance, et optent délibérément pour un corpus de taille plus modeste ; de même, (Ferret, 2010) utilise un corpus relativement petit parce que la taille des corpus qu'il est possible de construire dépend de la langue et du domaine ciblés. Les corpus utilisés dans ces travaux contiennent tout de même des centaines de millions de mots. Ainsi, il est difficile de déterminer dans quelle mesure les techniques de la sémantique distributionnelle permettront d'identifier des relations lexico-sémantiques dans un corpus spécialisé contenant quelques millions de mots seulement.

En lien avec la question de la taille et de la nature des corpus se pose celle du type de modèle utilisé, ou plus précisément la nature des contextes utilisés pour construire le modèle. À notre connaissance, les travaux décrivant l'application de méthodes distributionnelles à des corpus spécialisés (Grefenstette, 1992; Nazarenko *et al.*, 1997; Bourigault, 2002) ont surtout exploité des modèles structurés, à savoir des modèles qui exloitent des contextes de nature syntaxique plutôt que la simple cooccurrence. Nous avons plutôt opté pour un modèle non structuré, tout comme (Ferret, 2010), qui justifie ce choix par le fait que les analyseurs syntaxiques robustes ne sont pas disponibles pour toutes les langues. Par ailleurs, l'auteur observe que les résultats qu'il obtient sont comparables à ceux obtenus au moyen d'un modèle structuré sur la même tâche (WordNet-Based Synonymy Test). Puisque l'auteur utilise un corpus de plusieurs centaines de millions de mots, nous ne pouvons pas conclure d'emblée qu'un modèle non structuré produira de bons résultats sur un petit corpus spécialisé. Voilà une des questions auxquelles nous tenterons de répondre dans cet article, à savoir si un modèle non structuré permet d'identifier des relations lexico-sémantiques dans un corpus spécialisé de petite taille.

À cette fin, nous avons construit des modèles sur un corpus du domaine de l'environnement et comparé les voisinages identifiés à des données extraites d'un dictionnaire spécialisé du même domaine. Comme le soulignent (Adam *et al.*, 2013), ce type d'évaluation ne permet pas d'évaluer la qualité de tous les liens de voisinage distributionnel, qui peuvent correspondre à des relations qui ne sont pas décrites dans la ressource lexicale. Dans cette optique, nous avons réalisé une évaluation manuelle portant sur les voisins considérés comme incorrects lors de l'évaluation automatique, ce qui permet non seulement une mesure plus exacte de la précision des résultats, mais aussi une estimation de la capacité du modèle à améliorer la couverture de la ressource lexicale, aspect occulté par l'évaluation automatique.

La 2e tâche de cette édition de SemDis nous fournit l'occasion d'examiner les résultats obtenus sur ce corpus, puis de les comparer à ceux que l'on obtient sur un corpus comparable quant à sa taille et sa nature spécialisée, mais portant sur un domaine différent, à savoir le traitement automatique de la langue. L'approche que nous avons adoptée consiste à déterminer les paramètres optimaux du modèle en explorant systématiquement l'espace des paramètres et en évaluant les modèles résultants sur les données de référence. Par la suite, nous construisons un nouveau modèle sur le corpus TALN en utilisant les mêmes paramètres, et comparons les résultats obtenus sur les deux corpus.

Une partie de cet article sera donc consacrée à la sélection des paramètres du modèle, sujet qui a fait l'objet de nombreux travaux sur la sémantique distributionnelle. Par exemple, (Sahlgren, 2006) a examiné l'influence du type d'information contextuelle exploité par le modèle (segments textuels dans le cas de la LSA, cooccurrents dans le cas de HAL), et l'influence de la distance ou mesure de similarité entre vecteurs a été examinée par (Weeds *et al.*, 2004; Ferret, 2010). En ce qui concerne HAL, la méthode que nous employons dans ce travail, (Bullinaria & Levy, 2007) ont évalué l'influence de plusieurs des paramètres de ce modèle, y compris certains des paramètres sur lesquels nous nous pencherons dans cet article : taille, forme et type de fenêtre de contexte ; pondération des statistiques ; choix d'une technique de sélection d'attributs ou de réduction de dimension. Ils se sont d'ailleurs intéressés à la question de la taille du corpus, et ont montré que la sélection de certains paramètres tels que la pondération et la mesure de similarité entre vecteurs peut exercer une influence particulièrement importante lorsque le corpus est de petite taille (en l'occurrence 4,6 millions de mots). Plus récemment, (Kiela & Clark, 2014) ont réalisé une évaluation systématique de la plupart des paramètres de ce modèle sur plusieurs jeux de données en utilisant des corpus de différentes tailles ; une des conclusions intéressantes de ce travail est que l'utilisation de contextes de nature syntaxique n'est pas forcément bénéfique, l'utilisation d'une fenêtre de cooccurrence étroite sur un gros corpus produisant de meilleurs résultats que les contextes syntaxiques sur la plupart des jeux de données utilisés pour l'évaluation. Soulignons finalement l'étude de (Padró *et al.*, 2014), qui compare quelques pondérations et mesures de similarité, et qui souligne l'influence importante du seuil de fréquence minimale utilisé pour choisir les mots-cibles du modèle.

Dans la section suivante, nous décrirons les ressources que nous avons utilisées. La section 3 portera sur la construction et les paramètres du modèle. Dans la section 4, nous décrirons la procédure de sélection des paramètres, qui repose sur une évaluation automatique. Les résultats obtenus seront analysés à la section 5 ; entre autres, nous y présenterons les résultats obtenus sur le corpus TALN et les comparerons à ceux obtenus sur le corpus du domaine de l'environnement.

2 Ressources utilisées

2.1 Corpus et prétraitements

Deux corpus ont été utilisés dans le cadre de ce travail. Le premier est le corpus TALN (Boudin, 2013), qui regroupe des articles parus dans les actes de TALN/RECITAL entre 2007 et 2013, totalisant environ 2 millions de mots. Puisqu'une version analysée syntaxiquement à l'aide de l'analyseur Talismane (Urieli & Tanguy, 2013) a été mise à la disposition des participants à SemDis, nous l'avons utilisée afin de reconstruire une version lemmatisée du corpus. Nous n'avons pas exploité les autres renseignements résultant de l'analyse, notamment les liens de dépendance syntaxique, puisque nous avons opté pour un modèle non structuré ; aucun prétraitement supplémentaire n'a été effectué.

Le deuxième corpus est le corpus monolingue français PANACEA – domaine de l'environnement (ELRA-W0065), un corpus de documents Web portant sur divers aspects du domaine de l'environnement. Ce corpus a été compilé au moyen de l'outil de construction automatique de corpus spécialisés conçu dans le cadre du projet PANACEA [1], et il est distribué librement à des fins de recherche [2]. Il contient plus de 23 000 documents totalisant plus de 47 millions de mots.

Le prétraitement de ce corpus se décline en plusieurs étapes. Nous avons d'abord extrait le contenu textuel des documents XML qui forment le corpus. Dans ces documents, un attribut (*crawlinfo*) indique, pour chaque segment textuel, s'il est dans une langue autre que celle du corpus, s'il est considéré comme trop court ou s'il correspond à du "boilerplate". Tous ces segments ont été supprimés, puis chaque document a été converti en texte ordinaire. Quelques opérations de normalisation ont ensuite été appliquées, portant sur les URL et adresses courriel, entre autres. Puis, le corpus a été lemmatisé à l'aide de TreeTagger (Schmid, 1994) [3].

Comme nous l'avons souligné dans l'introduction, les méthodes de la sémantique distributionnelle sont sensibles à la taille des corpus, donc il nous semblait important d'utiliser un corpus de taille comparable à celle du corpus TALN. À cette fin, nous avons extrait, au moyen d'une technique de recherche d'information [4], un sous-ensemble du corpus PANACEA portant sur les changements climatiques et les énergies renouvelables, deux thématiques importantes du dictionnaire dont nous avons extrait les données de référence (voir section 2.2) ; ce sous-corpus contient 1200 documents totalisant ~2,1 millions de tokens. Nous avions alors à notre disposition deux corpus spécialisés de taille comparable. De plus, pour le corpus du domaine de l'environnement, nous avons obtenu de données de référence pouvant servir à évaluer la qualité des modèles construits sur ce corpus, que nous décrirons à la section 2.2.

Bien que la taille des corpus soit comparable, il est important de noter qu'ils présentent des différences importantes à d'autres égards, notamment quant au niveau de spécialisation. Contrairement au corpus TALN, le corpus PANACEA est constitué de documents provenant de différentes sources : sites d'organismes gouvernementaux ou non gouvernementaux, sites de vulgarisation scientifique, encyclopédies, journaux, blogues et répertoires de sites Web, entre autres. De plus, une analyse sommaire d'un échantillon du corpus suggère que la majorité des documents ne sont pas destinés à des experts, bien que le public visé varie d'une source à l'autre. En outre, la taille des documents est extrêmement variable : dans le sous-corpus que nous avont extrait, le nombre de tokens varie d'une centaine à plusieurs dizaines de milliers, le nombre moyen de tokens par document étant ~1800.

2.2 Données de référence

Les données de référence que nous avons utilisées afin d'évaluer les modèles et de déterminer les paramètres optimaux ont été extraites du DiCoEnviro [5], un dictionnaire spécialisé du domaine de l'environnement élaboré à l'Observatoire de linguistique Sens-Texte. Le DiCoEnviro vise à décrire le sens et le fonctionnement des termes du domaine de l'environnement, en particulier du sous-domaine des changements climatiques, des énergies renouvelables et de la gestion des matières résiduelles, et à expliciter les différents liens qui existent entre ces termes.

1. `http://panacea-lr.eu/`
2. `http://catalog.elra.info/product_info.php?products_id=1186&language=fr`
3. Le fait d'utiliser des analyseurs différents pourrait avoir une incidence sur les résultats obtenus sur chaque corpus, mais nous supposons que celle-ci ne sera pas très importante, puisque nous n'utilisons les analyseurs que pour la lemmatisation.
4. Nous ne décrirons pas cette technique, puisqu'elle n'entre pas dans les objectifs de cet atelier.
5. En construction. Le dictionnaire peut être consulté à l'adresse `http://olst.ling.umontreal.ca/cgi-bin/dicoenviro/search_enviro.cgi`.

Les entrées du DiCoEnviro appartiennent à différentes parties du discours, à savoir le nom, le verbe, l'adjectif, ainsi que certaines locutions ; par exemple, il contient des articles pour les termes *biodiversité, climat, climatique, composter, gaz à effet de serre, polluer* et *polluant*. Ces termes sont repérés dans un corpus spécialisé en fonction des critères lexico-sémantiques de sélection de termes proposés par (L'Homme, 2004) ; il est important de noter que le corpus utilisé pour la compilation du dictionnaire est distinct du corpus PANACEA utilisé dans cette étude, que nous utilisons parce qu'il est distribué librement. Les différentes acceptions d'un même terme, distinguées au moyen de tests lexico-sémantiques, ont chacune leur propre article, mais dans le cadre de l'expérience que nous avons réalisée, nous ne faisons pas de distinction entre les différentes acceptions d'un terme.

La fiche de chaque terme contient sa structure actancielle ainsi que de nombreux liens lexicaux, qui peuvent être de nature syntagmatique ou paradigmatique. Dans ce travail, nous nous sommes intéressés à certaines relations paradigmatiques précises, à savoir :

— les quasi-synonymes et autres sens voisins (p. ex. *extinction* $\rightarrow$ *disparition*, *pollueur* $\rightarrow$ *polluant*) ;
— les antonymes ou sens contraires (p. ex. *réchauffement* $\rightarrow$ *refroidissement*) ;
— les hyponymes ou sortes de (p. ex. *activité* $\rightarrow$ *agriculture*).

Pour chaque terme faisant l'objet d'un article dans le dictionnaire, nous avons extrait tous les termes voisins entretenant avec l'entrée une de ces trois relations.

Les relations d'hyponymie ("sortes de") ont été divisées en deux catégories de la façon suivante : si le terme voisin est un terme complexe qui contient le terme faisant l'objet de l'article (l'entrée) ainsi qu'un modificateur, nous considérons qu'il s'agit plutôt d'une relation syntagmatique entre le terme en entrée et le modificateur, à savoir une collocation ; si le terme voisin ne contient pas l'entrée, nous considérons qu'il s'agit d'une relation paradigmatique entre les deux termes. Ainsi, la paire <énergie, énergie hydroélectrique> a été exclue des données de référence, tandis que la paire <carburant, biogaz> a été retenue.

Par ailleurs, nous avons exclu tous les termes complexes, qu'il s'agisse de l'entrée de l'article ou du terme voisin. Nous avons ainsi obtenu une liste de paires <entrée, terme relié> constituées de deux termes simples participant à une relation paradigmatique (sens voisin, contraire ou sorte de). Parmi les paires extraites, nous avons éliminé celles où un des deux termes n'était pas inclus dans le vocabulaire utilisé pour construire le modèle (voir section 3.1), ce qui représentait environ 15% des paires. Restaient environ 630 paires [6]. Parmi celles-ci, nous en avons conservé 600 choisies au hasard, dont 400 ont servi pour faire la sélection des paramètres du modèle, et 200 ont été réservées pour une évaluation finale du meilleur modèle, ainsi qu'une analyse manuelle des résultats.

3 Construction du modèle

Pour nos expériences, nous utilisons le modèle Hyperspace Analogue to Language, ou HAL (Lund *et al.*, 1995; Lund & Burgess, 1996). HAL fait partie de la famille des modèles dits *non structurés*, qui n'exploitent pas d'information syntaxique. Dans ce modèle, la représentation vectorielle d'un mot est basée sur la fréquence à laquelle d'autres mots apparaissent près de lui dans un corpus ; on appellera les mots pour lesquels on construit des vecteurs *mots-cibles* et ceux qui servent d'attributs *mots-contextes*. Ainsi, des mots partageant des cooccurrents auront une représentation semblable. Une mesure de similarité est ensuite utilisée pour comparer les vecteurs et calculer leur distance dans l'espace sémantique que définit le modèle HAL.

En ce qui concerne la notation utilisée dans la suite de cet article, la matrice de cooccurrence qui contient les représentations vectorielles des mots-cibles sera dénotée par $\mathbf{X}$. Le vocabulaire sera noté W et sera indexé par i lorsque nous désignons un mot-cible et par j lorsque nous désignons un mot-contexte ; le nombre de mots dans le vocabulaire sera noté m. Les vecteurs des mots-cibles et mots-contextes seront donc dénotés respectivement par $\mathbf{x}_{i:}$ et $\mathbf{x}_{:j}$, et les cellules de la matrice par x_{ij}.

6. Les données ont été récupérées au début mars 2014. Le nombre de relations décrites dans le DiCoEnviro augmente à mesure qu'il est enrichi.

La matrice de cooccurrence $\mathbf{X}$ est construite en plaçant une fenêtre de contexte autour de chaque occurrence d'un mot-cible et en incrémentant chaque fois, dans le vecteur du mot-cible, la fréquence de cooccurrence des autres mots qui se trouvent à l'intérieur de la fenêtre. Dans la matrice $\mathbf{X}$, chaque cellule x_{ij} indique donc la fréquence à laquelle le mot-contexte w_j apparait dans la fenêtre de contexte du mot-cible w_i. L'incrémentation de x_{ij} peut être pondérée par l'inverse de la distance entre w_i et w_j dans un contexte donné [7] ; dans ce cas, nous dirons que la fenêtre de contexte est *triangulaire*, suivant (Bullinaria & Levy, 2007). En revanche, dans une fenêtre de contexte *rectangulaire*, la fréquence de tous les mots-contextes dans la fenêtre est incrémentée de 1.

3.1 Sélection du vocabulaire

Chaque mot dans le vocabulaire pour lequel nous construisons l'espace sémantique correspond à la fois à une rangée ($\mathbf{x}_{i:}$) et à une colonne ($\mathbf{x}_{:j}$) de la matrice de cooccurrence. L'ensemble des mots-cibles est donc le même que celui des mots-contextes [8]. Nous déterminons ce vocabulaire (W) en fonction de la fréquence globale des mots dans le corpus. Il est courant de déterminer le vocabulaire au moyen d'un seuil fixe de fréquence, souvent fixé à 100 (Anguiano & Denis, 2011) ; nous utilisons un critère de sélection de vocabulaire semblable, mais qui dépend moins de la taille du corpus ; en effet, les mots ayant au moins 100 occurrences dans les corpus que nous utilisons sont peu nombreux. Nous éliminons d'abord des mots vides au moyen d'une liste d'exclusion, ainsi que les chaînes qui ne sont pas constituées exclusivement de caractères alphabétiques. Parmi les mots restants, nous conservons les m mots les plus fréquents. Ce nombre a été fixé de sorte à assurer une bonne couverture des données qui serviraient à l'évaluation du modèle. En conservant les 5000 mots les plus fréquents, seulement ~15% des paires extraites du DiCoEnviro (voir section 2.2) contenaient un mot absent de W. Le vocabulaire est donc de taille relativement petite, car on utilise fréquemment des vocabulaires de plusieurs dizaines de milliers de mots ou plus, mais il offre une bonne couverture des termes décrits dans la ressource utilisée pour l'évaluation ; d'ailleurs, les corpus spécialisés de petite taille contiennent beaucoup moins de formes distinctes que les corpus contenant des centaines de millions de mots.

3.2 Forme, type et taille de la fenêtre de contexte

Comme nous l'avons souligné ci-dessus, la fenêtre de contexte peut avoir une forme rectangulaire ou triangulaire [9]. Les fenêtres se distinguent également selon qu'on prend en compte le contexte à gauche du mot-cible, le contexte à droite ou les deux. HAL exploite une fenêtre de contexte dite *directionnelle* (Sahlgren, 2006) : lors de la construction de la matrice de cooccurrence, seuls les cooccurrents à gauche du mot-cible sont comptabilisés, de sorte que pour chaque mot $w_i \in W$, la rangée $\mathbf{x}_{i:}$ indique la fréquence à laquelle chaque mot-contexte apparait avant w_i, et la colonne $\mathbf{x}_{:i}$ indique la fréquence à laquelle les mots-contextes apparaissent après w_i. Une fois cette matrice construite, on concatène $\mathbf{x}_{i:}$ et $\mathbf{x}_{:i}$, ce qui produit un vecteur de dimension $2m$ contenant la fréquence de cooccurrence dans le contexte à gauche de w_i ainsi que celle dans le contexte à droite de w_i.

La fenêtre de contexte peut aussi être symétrique, comme dans le modèle proposé par (Schütze, 1992), qui a précédé HAL ; dans ce cas, aucune distinction n'est faite entre les cooccurrents apparaissant à gauche et à droite du mot-cible. Si on construit la matrice initiale de la manière décrite ci-dessus, en n'observant que les cooccurrents à gauche du mot-cible, on peut obtenir un contexte symétrique en prenant la somme (plutôt que la concaténation) de $\mathbf{x}_{i:}$ et $\mathbf{x}_{:i}$ pour chaque mot-cible w_i ; la dimension des vecteurs résultants est donc m plutôt que $2m$. De plus, il est possible de n'utiliser que les cooccurrents à gauche ($\mathbf{x}_{i:}$) ou seulement ceux à droite ($\mathbf{x}_{:i}$). (Bullinaria & Levy, 2007) appellent ces quatre types de contexte *gauche&droite*, *gauche+droite*, *gauche* et *droite* respectivement.

Enfin, la taille de la fenêtre de contexte a une influence considérable sur les résultats obtenus. Nous vérifierons l'influence de la forme, du type et de la taille de la fenêtre de contexte dans l'expérience décrite ci-dessous.

Soulignons finalement que nous permettons à la fenêtre de contexte de sauter les frontières de phrases, et que les mots dans le corpus qui ne font pas partie du vocabulaire W ne sont pas supprimés ; ils ne sont tout simplement pas comptabilisés lors de la construction de la matrice de cooccurrence.

7. D'autres pondérations en fonction de la distance sont possibles ; par exemple, (Sahlgren, 2006) utilise 2^{1-L} au lieu de $\frac{1}{L}$, où L est la distance entre les 2 mots.
8. Il serait possible de définir ces deux vocabulaires de façons distinctes, mais il est courant d'utiliser un seul et même vocabulaire.
9. D'autres formes sont possibles, telle qu'une fenêtre gaussienne.

3.3 Pondération des fréquences

La matrice de cooccurrence contient, pour chaque paire de mots w_i et w_j, la fréquence à laquelle w_j co-occurre avec w_i. Ces fréquences de cooccurrence peuvent être pondérées de différentes façons, notamment pour diminuer l'influence des mots-contextes très fréquents, mais peu discriminants.

Une pondération simple, que nous appelerons DAMP, consiste à prendre le logarithme de la fréquence :

$$\text{DAMP}(x_{ij}) = \log(x_{ij} + 1)$$

(Lavelli *et al.*, 2004) décrivent une variante de TF-IDF pour les modèles exploitant une matrice de cooccurrence plutôt qu'une matrice terme-document, qu'ils appellent TF-ITF. Nous avons implémenté une version légèrement modifiée de cette pondération, que nous formulons de la façon suivante :

$$\text{TF-ITF}(x_{ij}) = \log(x_{ij} + 1) \cdot \log \frac{m}{||\mathbf{x}_{:j}||_0}$$

où m est la taille du vocabulaire et $||\mathbf{x}_{:j}||_0$ est le nombre d'éléments non nuls dans la colonne $\mathbf{x}_{:j}$, autrement dit le nombre de mots-cibles avec lesquels le mot-contexte w_j co-occurre au moins une fois.

Une pondération particulièrement efficace selon (Bullinaria & Levy, 2007) est la Positive Pointwise Mutual Information (PPMI), que nous formulons de la façon suivante, suivant (Turney & Pantel, 2010) :

$$\begin{aligned}
p_{ij} &= \frac{x_{ij}}{\sum_{i=1}^{m} \sum_{j=1}^{m} x_{ij}} \\
p_{i:} &= \frac{\sum_{j=1}^{m} x_{ij}}{\sum_{i=1}^{m} \sum_{j=1}^{m} x_{ij}} \\
p_{:j} &= \frac{\sum_{i=1}^{m} x_{ij}}{\sum_{i=1}^{m} \sum_{j=1}^{m} x_{ij}} \\
\text{PMI}(x_{ij}) &= \log \frac{p_{ij}}{p_{i:} \cdot p_{:j}} \\
\text{PPMI}(x_{ij}) &= \begin{cases} \text{PMI}(x_{ij}) & \text{si PMI}(x_{ij}) > 0. \\ 0 & \text{sinon.} \end{cases}
\end{aligned}$$

où p_{ij} estime la probabilité que w_j co-occurre avec w_i, $p_{i:}$ estime la probabilité du mot-cible w_i et $p_{:j}$ estime la probabilité du mot-contexte w_j.

3.4 Sélection d'attributs ou réduction de dimension

Dans le modèle HAL original, la dimension des représentations vectorielles des mots-cibles est réduite en éliminant les colonnes à faible variance pour n'en conserver que quelques centaines ; il est également possible de faire la sélection d'attributs en fonction d'autres critères, tels que la fréquence du mot-contexte, mais ces deux critères étant corrélés (Bullinaria & Levy, 2007, p. 519), ils produiraient des résultats semblables.

Nous évaluons l'influence de cette technique et la comparons à une technique de réduction de dimension appelée décomposition en valeurs singulières [10] (SVD), qu'exploite notamment une autre méthode de sémantique distributionnelle, la LSA (Landauer & Dumais, 1997). (Schütze, 1992) décrit l'utilisation de la SVD sur une matrice de cooccurrence semblable à celle qu'exploite HAL ; cette technique n'améliore pas les résultats qu'il obtient, mais l'auteur s'en sert tout de même pour réduire la dimension des représentations de mots et accélérer leur traitement subséquent. Nous vérifierons si la SVD permet d'obtenir de meilleurs résultats sur les données que nous utilisons.

10. Nous utilisons l'implémentation de la SVD (algorithme ARPACK) offerte dans le toolkit scikit-learn (Pedregosa *et al.*, 2011) pour Python.

3.5 Distance ou mesure de similarité

Enfin, une distance ou une mesure de similarité est utilisée pour comparer les vecteurs et déterminer leur proximité dans l'espace sémantique. (Lund & Burgess, 1996) utilisent des distances de la famille Minkowski (Manhattan, euclidienne, etc.). Nous avons plutôt opté, comme (Schütze, 1992), pour le cosinus de l'angle des vecteurs, une mesure de similarité courante dans le domaine de la sémantique distributionnelle. En outre, (Bullinaria & Levy, 2007) montrent que le cosinus produit les meilleurs résultats sur plusieurs tâches, particulièrement lorsqu'on pondère les fréquences au moyen de l'information mutuelle, ce qui concorde d'ailleurs avec les observations de (Ferret, 2010).

4 Évaluation automatique et sélection des paramètres

Nous avons réalisé une expérience visant à déterminer la valeur optimale de certains des paramètres du modèle HAL, à savoir la fenêtre de contexte (forme, type et taille), la pondération des statistiques et la réduction de dimension ou sélection d'attributs. Nous n'avons pas évalué l'influence d'autres facteurs tels que les prétraitements linguistiques (parce que nous nous intéressons ici à un modèle non structuré, qui exige peu de prétraitement) ou la distance ou mesure de similarité entre vecteurs, étant donné que plusieurs travaux ont montré que le cosinus est une mesure de similarité efficace en ce qui concerne les modèles distributionnels.

Les modèles ont été construits sur le corpus du domaine de l'environnement et évalués sur les données de référence décrites à la section 2.2. Les paramètres pouvaient prendre les valeurs suivantes :

- Taille de la fenêtre de contexte : entre 1 et 15 mots (un contexte gauche de 2 mots signifie qu'on observe les 2 mots à gauche du mot-cible ; un contexte gauche&droite de 2 mots signifie qu'on observe 2 mots à gauche et 2 mots à droite).
- Forme de la fenêtre de contexte : triangulaire (TRI) ou rectangulaire (RECT).
- Type de fenêtre de contexte : gauche&droite (G&D), gauche+droite (G+D), gauche seulement (G) ou droite seulement (D).
- Pondération : aucune, DAMP, TF-ITF ou PPMI.
- Réduction :
  - Sélection d'attributs par variance (SEL) avec nombre d'attributs $\in \{500, 1000, \ldots, 4500\}$; ce nombre est doublé dans le cas de la fenêtre de contexte G&D.
  - SVD avec nombre de composantes $\in \{50, 100, \ldots, 500\}$.
  - Aucune.

4.1 Évaluation automatique

La sélection des paramètres a été réalisée au moyen d'une évaluation automatique, la tâche consistant à prédire le terme relié dans chacune des 400 paires <entrée, terme relié> étant donné l'entrée. La mesure utilisée pour comparer les modèles est le rappel au rang *n* (nous utiliserons parfois l'abréviation *R@n*). Le rappel au rang *n* correspond au pourcentage des paires <entrée, terme relié> pour lesquelles le terme relié se trouve parmi les *n* plus proches voisins de l'entrée selon le modèle. Ainsi, le rappel au rang 1 (R@1) correspond au pourcentage des exemples pour lesquels le terme relié correspond au plus proche voisin (PPV) de l'entrée, et le rappel au rang 10 (R@10), au pourcentage des exemples pour lesquels le terme relié est parmi ses 10 plus proches voisins. Bien que cette mesure est exprimée sous la forme d'un pourcentage, elle ne peut pas toujours atteindre 100 % (notamment au rang 1) puisqu'il y a souvent plus d'un terme relié par entrée. Or, étant donné que les données de référence contiennent généralement 1 ou 2 termes reliés par entrée (c'est le cas pour ~70 % des entrées) et que le nombre de termes reliés par entrée varie considérablement (de 1 à 8), il nous semble préférable d'utiliser le rappel plutôt que la précision pour comparer les modèles.

Le meilleur rappel au rang 1, de 17,25%, a été atteint par cinq modèles, présentés dans le Tableau 1. Il est intéressant de noter est que ces modèles exploitent tous la pondération TF-ITF ; de plus, quatre de ces modèles exploitent un contexte symétrique (G+D). En revanche, les modèles qui maximisent le rappel au rang 10, présentés dans le Tableau 2, exploitent tous un contexte G&D et la pondération PPMI. Dans les deux cas, tous les meilleurs modèles exploitent la réduction par SVD et un contexte étroit, de deux ou trois mots.

Fenêtre			Pondération	Réduction (nb dimensions)	R@10	R@1
Taille	Forme	Type				
3	TRI	G&D	TF-ITF	SVD (350)	49,75	17,25
2	RECT	G+D	TF-ITF	SVD (250)	48	17,25
2	RECT	G+D	TF-ITF	SVD (150)	47,75	17,25
2	RECT	G+D	TF-ITF	SVD (200)	47,25	17,25
2	RECT	G+D	TF-ITF	SVD (300)	46,75	17,25

TABLE 1 – 5 meilleurs modèles (triés en fonction du rappel au rang 1).

Fenêtre			Pondération	Réduction (nb dimensions)	R@10	R@1
Taille	Forme	Type				
2	RECT	G&D	PPMI	SVD (250)	54	16,5
2	TRI	G&D	PPMI	SVD (300)	54	15,75
2	TRI	G&D	PPMI	SVD (250)	53,75	16,5
2	RECT	G&D	PPMI	SVD (300)	53	15,5
2	RECT	G&D	PPMI	SVD (400)	53	15,25

TABLE 2 – 5 meilleurs modèles (triés en fonction du rappel au rang 10).

Étant donné les différences observées entre les modèles qui maximisent R@1 et ceux qui maximisent R@10, nous avons cherché à vérifier si certaines paramétrisations seraient plus adaptées pour des relations spécifiques parmi les trois relations ciblées. Nous avons donc comparé, au moyen de l'évaluation automatique, deux paramétrisations identiques sauf en ce qui concerne le type de fenêtre de contexte et la pondération (les 2 paramètres qui semblent favoriser soit R@1 soit R@10). Les deux modèles exploitent une fenêtre de contexte rectangulaire de deux mots et la réduction par SVD (250 composantes). Le premier modèle, un des cinq qui maximisent R@1, exploite une fenêtre G+D et la pondération TF-ITF. L'autre modèle, qui maximise R@10, exploite une fenêtre G&D et la pondération PPMI. Pour chaque modèle, nous avons calculé R@1 et R@10 sur les trois sous-ensembles des 400 paires <entrée, terme relié> correspondant aux trois relations possibles entre l'entrée et le terme relié : sorte de (23 paires), contraire (103 paires) et sens voisin (274 paires).

Les résultats de cette comparaison, présentés dans le Tableau 3, ne suggèrent pas qu'une des deux paramétrisations est particulièrement adaptée à une des trois relations : les deux modèles captent mieux les sens voisins que les contraires et les contraires mieux que les sortes de (peut-être parce que les paramètres ont été optimisés sur des données qui comprennent plus de sens voisins que de contraires et plus de contraires que de sortes de). De plus, pour toutes les relations, le premier modèle maximise le rappel au rang 1, et le deuxième modèle, le rappel au rang 10. Nous examinerons systématiquement l'influence des paramètres à la section 5.1, mais sans faire de distinction entre les trois relations.

Relation entre entrée et terme relié	R@1 (%)		R@10 (%)	
	Modèle A	Modèle B	Modèle A	Modèle B
Sorte de	**13,04**	8,70	34,78	**43,48**
Contraire	**14,56**	12,62	42,72	**47,57**
Sens voisin	**18,61**	**18,61**	51,09	**57,30**

TABLE 3 – Évaluation en fonction de la relation entre l'entrée et le terme relié. Le modèle A exploite une fenêtre G+D et la pondération TF-ITF. Le modèle B exploite une fenêtre G&D et la pondération PPMI.

5 Analyse des résultats

Dans cette section, nous examinerons l'influence de divers paramètres du modèle, puis nous présenterons les résultats d'une évaluation manuelle du meilleur modèle, enfin nous construirons un modèle sur le corpus TALN en utilisant les mêmes paramètres et comparerons les résultats à ceux obtenus sur le corpus du domaine de l'environnement.

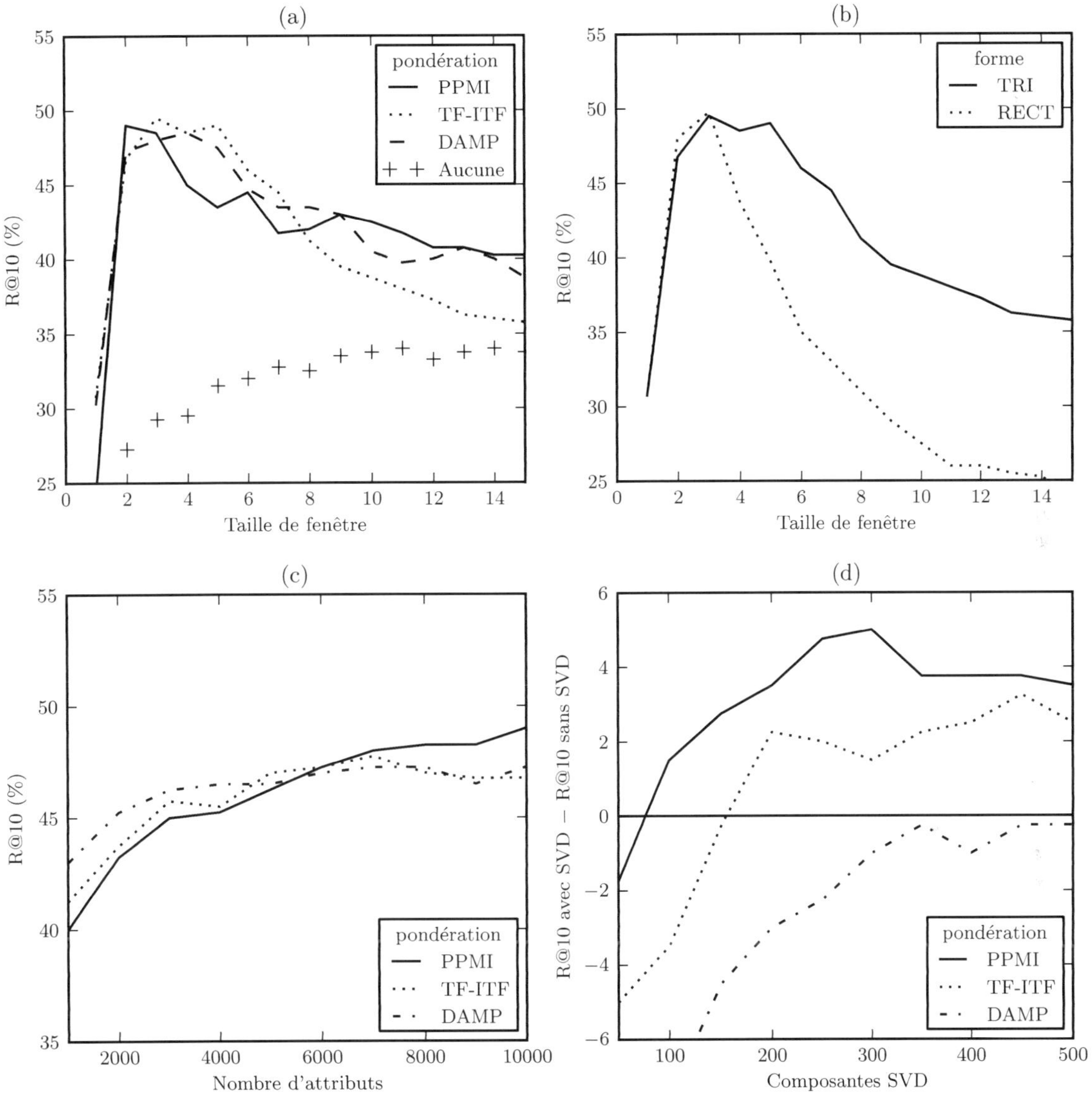

FIGURE 1 – Influence des paramètres du modèle. **(a)** Influence de la taille de fenêtre et de la pondération (paramètres fixes : fenêtre G&D triangulaire, aucune réduction de dimension). **(b)** Influence de la forme de la fenêtre de contexte (fenêtre G&D, pondération TF-ITF, aucune réduction). **(c)** Influence de la sélection d'attributs : rappel au rang 10 en fonction du nombre d'attributs conservés (fenêtre G&D triangulaire de 2 mots). **(d)** Augmentation du rappel au rang 10 lorsqu'on applique la réduction par SVD, en fonction du nombre de composantes (fenêtre G&D triangulaire de 2 mots).

5.1 Influence des paramètres

La Figure 1 illustre l'influence de certains paramètres du modèle ; les paramètres qui ne varient pas (p. ex. le type et la forme de la fenêtre de contexte dans le cas de la Figure 1-a) sont généralement ceux qui maximisent soit R@1 soit R@10 ; par contre, dans les Figures 1-a et 1-b, aucune réduction de dimension n'est appliquée, afin d'illustrer plus clairement l'influence des autres paramètres. La Figure 1-a montre que les 3 pondérations implémentées sont très efficaces, et qu'il n'y a pas une différence très importante entre le meilleur résultat atteint par chacune des pondérations. Il est aussi intéressant de noter que lorsque les fréquences ne sont pas pondérées, plus le contexte est large, plus la précision augmente ; en revanche, lorsque les fréquences sont pondérées, une fenêtre étroite (de 2 à 4 mots selon la pondération) donne les meilleurs résultats. Ces résultats concordent avec ceux de (Ferret, 2010) et de (Bullinaria & Levy, 2007), ces derniers obtenant les meilleurs résultats sur 3 des 4 tâches utilisées pour l'évaluation au moyen d'une fenêtre symétrique rectangulaire de taille 1 (pour l'anglais) et de la pondération PPMI.

La Figure 1-b montre que lorsque la fenêtre est triangulaire, la précision diminue moins rapidement à mesure qu'on augmente la taille du contexte, mais qu'elle n'améliore pas le meilleur résultat. Cette figure montre le cas où les fréquences sont pondérées par TF-ITF ; lorsque nous appliquons la pondération PPMI, nous observons la même tendance, mais la différence entre les deux courbes est moins importante. Ces résultats concordent avec ceux de (Bullinaria & Levy, 2007), qui observent que les fenêtres triangulaires ont tendance à produire des résultats similaires à ceux qu'on obtient avec des fenêtres rectangulaires de plus petite taille.

Les Figures 1-c et 1-d concernent la réduction de dimension. La Figure 1-c montre qu'il est possible d'éliminer plusieurs milliers d'attributs à faible variance tout en maintenant une précision élevée, mais que cette technique ne permet pas d'augmenter la précision d'une manière significative (du moins pas dans le cas d'une fenêtre de contexte de taille 2). Enfin, la Figure 1-d montre que la SVD permet, dans certains cas, d'améliorer la précision tout en diminuant la dimension des vecteurs. Par contre, nous avons observé que le nombre optimal de composantes varie beaucoup en fonction des autres paramètres du modèle, notamment la taille de fenêtre ; de plus, l'amélioration observée diminue lorsqu'on augmente la taille de fenêtre. Dans certains cas (notamment lorsque la pondération DAMP est utilisée, comme le montre la figure), la SVD diminue la précision. Cette technique de réduction ne semble donc pas très robuste, mais soulignons de nouveau que nos meilleurs modèles exploitent tous la SVD.

Nous ne montrons pas ici l'influence du type de fenêtre de contexte, mais soulignons que la fenêtre G&D maximise à la fois les mesures R@1 et R@10, bien que la fenêtre G+D atteigne également le meilleur rappel au rang 1.

5.2 Évaluation manuelle

L'évaluation automatique décrite à la section 4.1 estime la capacité d'un modèle à capter des relations lexico-sémantiques paradigmatiques à partir d'un corpus. Or, étant donné que les données de référence n'offrent pas une couverture complète de toutes les relations paradigmatiques qu'il serait possible de repérer au sein de ce corpus, nous avons procédé à une évaluation manuelle des voisins identifiés par le modèle ayant produit les meilleurs résultats lors de l'évaluation automatique, plus précisément celui qui maximise le rappel au rang 10. Ce modèle exploite une fenêtre G&D rectangulaire de 2 mots, la pondération PPMI et la réduction de dimension par SVD (250 composantes).

L'évaluation manuelle a été effectuée sur 200 paires <entrée, terme relié> qui n'ont pas servi lors de la sélection des paramètres. Dans un premier temps, nous avons vérifié si le modèle offrait une précision aussi élevée sur les nouvelles données de référence, au moyen de l'évaluation automatique. Les résultats obtenus sur ces 200 paires étaient de R@1 = 12,5% et R@10 = 47%. On observe donc une légère baisse par rapport aux résultats obtenus sur les 400 paires utilisées pour la sélection des paramètres.

Puis, nous avons évalué manuellement la précision des voisins identifiés par le modèle sur ces 200 exemples, en observant le plus proche voisin pour chaque entrée. D'abord, l'évaluation automatique indique que pour 25 des 200 exemples, le PPV correspond au terme relié. Or, puisque le DiCoEnviro contient souvent plus d'un terme relié paradigmatiquement pour une entrée donnée, il se peut que le voisin soit valide même s'il ne correspond pas au terme relié inclus dans une paire particulière. C'est effectivement le cas pour 54 des 200 exemples. Donc, pour 79 des 200 exemples, le PPV est effectivement un terme relié paradigmatiquement selon les données de référence.

Comme nous l'avons souligné, les données de référence utilisées ne peuvent pas offrir une couverture complète des termes de l'environnement et des relations lexico-sémantiques auxquelles ils participent. Il se peut donc que la précision soit plus élevée que le suggère l'évaluation automatique, et que les PPV considérés comme incorrects soient en fait des termes reliés qui pourraient être ajoutés aux données de référence. Pour cette raison, les 121 exemples restants ont fait l'objet d'une évaluation manuelle.

Le critère utilisé pour juger la validité d'un PPV est le suivant : si au moins une des acceptions de l'entrée et au moins un des sens du PPV participent à une relation valide (sens voisin, contraire, sorte de), le voisin est valide. Au lieu de juger la pertinence des PPV de façon binaire (oui/non), nous avons défini trois jugements possibles : le PPV est valide, il participe avec l'entrée à un autre type de relation (notamment des relations syntagmatiques, de dérivation ou de méronymie) ou il n'est pas pertinent du tout. Des exemples illustrant ces deux derniers jugements sont présentés dans le Tableau 4.

<entrée, terme relié>	**PPV**	**Jugement**
<globe, monde>	mer	Le PPV et l'entrée participent à un autre type de relation (méronymie).
<jeter, recycler>	verre	Le PPV et l'entrée participent à un autre type de relation : *verre* est la réalisation d'un des actants de *jeter*.
<influer, peser>	influent	Le PPV et l'entrée participent à un autre type de relation (dérivation).
<météorologique, climatique>	extrême	Le PPV n'est pas pertinent. *météorologique* et *extrême* modifient les mêmes noms, mais *extrême* ne serait pas décrit dans l'article de *météorologique*.
<localement, globalement>	normalement	Le PPV n'est pas pertinent.
<amplification, intensification>	rouille	Le PPV n'est pas pertinent.

TABLE 4 – Exemples illustrant l'évaluation manuelle (PPV signifie plus proche voisin).

L'évaluation des voisinages a été confiée à une terminologue élaborant des dictionnaires et a été réalisée en fonction de l'intérêt qu'ils peuvent présenter du point de vue de leur description dans le dictionnaire du domaine de l'environnement. C'est d'ailleurs pour mieux représenter l'intérêt que présentent les voisinages identifiés qu'une catégorie intermédiaire (autres relations) a été prise en compte lors de l'évaluation manuelle. Par exemple, comme le montre le Tableau 4, *verre* serait ajouté dans le dictionnaire comme réalisation d'un des actants de *jeter* (il serait également décrit dans l'article de *recycler*). Il présenterait donc un certain intérêt pour le terminologue qui élabore l'article du verbe *jeter*, bien que la relation qu'il entretient avec ce verbe ne fasse pas partie des relations ciblées dans le cadre de ce travail. En revanche, même si *extrême*, *météorologique* et *climatique* peuvent modifier le même type de nom (p. ex. *évènement, phénomène*) et pourraient tous apparaître dans l'article de ces noms, *extrême* ne serait pas décrit dans l'article de *météorologique* (ni dans celui de *climatique*, par ailleurs) ; il est donc considéré comme incorrect.

Situation	**Nombre d'exemples**
Le PPV est un des termes reliés	79
Le PPV est valide, mais n'est pas dans le dictionnaire	71
Le PPV est relié à l'entrée, mais par un autre type de relation	31
Le PPV n'est pas pertinent	19
Total	200

TABLE 5 – Résultats de l'évaluation manuelle.

Les résultats de l'évaluation manuelle sont résumés dans le Tableau 5. Ces résultats suggèrent que, si l'on ne prend en considération que le plus proche voisin de chaque entrée, le niveau de bruit se situerait soit autour de 10%, soit autour de 25% si on ne considère pas comme valides les voisins qui participent avec l'entrée à un autre type de relation lexico-sémantique. La présence de voisinages non pertinents est liée à plusieurs facteurs, notamment la fréquence relative des mots-cibles (Weeds *et al.*, 2004; Ferret, 2010). La polysémie est un autre facteur qui pourrait expliquer certains voisinages non pertinents. Par exemple, l'article du terme *vert* dans le DiCoEnviro donne comme termes reliés *écologique*, *environnemental* et *propre* ; en revanche, les voisins identifiés par le modèle comprennent *forestier* et *agricole*, indiquant un sens différent (caractérisé par une quantité importante de végétation). Le modèle HAL, qui apprend une seule représentation prototypique par mot-cible, ne permet pas de modéliser explicitement les différents sens d'un mot, mais il existe différentes techniques pour ce faire, telles que le modèle à prototypes multiples proposé par (Reisinger & Mooney, 2010).

5.3 Comparaison avec le corpus TALN

Après avoir réalisé la sélection des paramètres du modèle, nous avons construit un modèle identique sur le corpus TALN et extrait les voisins des 8 mots à l'étude dans le cadre de la 2e tâche de cette édition de SemDis. Le Tableau 6 présente les 10 plus proches voisins de ces 8 mots. Ces voisins comprennent une quantité importante de quasi-synonymes ou sens voisins ainsi que des antonymes (*complexe* → *simple*) et des méronymes (*graphe* → *noeud*), entre autres.

Il est intéressant de noter le cas du terme *sémantique*, qui est ambigu quant à sa partie du discours : 9 des 10 voisins de ce terme sont reliés sémantiquement à l'adjectif, tandis que le dernier voisin, *sens*, pourrait être interprété comme un quasi-synonyme du nom *sémantique*.

calculer	complexe	précis	fréquence	méthode	trait	sémantique	graphe
estimer	long	riche	probabilité	algorithme	élément	syntaxique	arbre
mesurer	simple	détaillé	poids	approche	indice	lexical	réseau
obtenir	fréquent	général	proportion	stratégie	attribut	morphologique	grammaire
déterminer	rare	spécifique	longueur	technique	catégorie	linguistique	dépendance
évaluer	court	particulier	valeur	système	structure	conceptuel	noeud
définir	difficile	fin	score	procédure	étiquette	grammatical	lexique
comparer	riche	systématique	nombre	processus	classe	temporel	structure
pondérer	spécifique	complet	distance	modèle	propriété	fonctionnel	automate
maximiser	utile	strict	taille	tâche	information	formel	vecteur
combiner	proche	exact	coût	méthodologie	forme	sens	transducteur

TABLE 6 – Voisins obtenus pour les 8 mots à l'étude en utilisant le corpus TALN.

Parmi les 8 mots à l'étude, 5 sont également présents dans le vocabulaire du modèle construit sur le corpus du domaine de l'environnement : *calculer, complexe, précis, fréquence* et *méthode*. Les 10 plus proches voisins de ces mots sont présentés dans le Tableau 7. La présence de ces mots dans les 2 vocabulaires pourrait indiquer qu'ils appartiennent à ce que l'on a appelé le *vocabulaire général d'orientation scientifique* (Phal, 1971) ou le *lexique scientifique transdisciplinaire* (Tutin, 2007; Drouin, 2007). Certains de ces mots semblent avoir le même sens dans les deux domaines ; par exemple, le verbe *calculer* a des voisins très semblables dans les 2 modèles. En revanche, le terme *fréquence* présente des voisins très différents, ce terme étant associé à la notion d'évènements météorologiques extrêmes dans un domaine, et au nombre d'occurrences d'une unité linguistique dans l'autre.

calculer	complexe	précis	fréquence	méthode
mesurer	physique	détailler	intensité	technologie
déterminer	simple	quantitatif	accentuation	procédé
évaluer	biologique	clair	multiplication	technique
exprimer	régir	contraignant	survenue	outil
simuler	déterminant	fiable	violence	méthodologie
atteindre	difficile	rigoureux	cas	pratique
prédire	chimique	complet	épisode	mode
comptabiliser	naturel	relatif	occurrence	système
estimer	essentiel	ambitieux	sécheresse	dispositif
comparer	écologique	spécifique	gravité	approche

TABLE 7 – Voisins obtenus pour 5 des mots à l'étude en utilisant le corpus du domaine de l'environnement.

6 Conclusion

Dans cet article, nous avons mis en application une technique d'analyse distributionnelle afin d'identifier des relations lexico-sémantiques à partir de corpus spécialisés de petite taille. De plus, nous avons systématiquement optimisé certains des paramètres du modèle afin de cibler une famille spécifique de relations. Ces paramètres, qui concernent la fenêtre de contexte, la pondération des statistiques et la réduction de dimension, ont été optimisés au moyen d'une évaluation automatique exploitant des données extraites d'un dictionnaire spécialisé.

Les résultats de l'expérience que nous avons réalisée montrent qu'un modèle non structuré permet d'identifier, pour un terme donné, des termes reliés sur le plan paradigmatique à partir d'un corpus spécialisé. Une évaluation manuelle a montré que le modèle capte bien les relations de quasi-synonymie, d'antonymie et d'hyponymie décrites dans le dictionnaire dont nous avons extrait les données de référence, et qu'il pourrait servir à l'enrichir. Les voisinages observés comprennent aussi, mais dans une plus faible proportion, d'autres types de relations lexico-sémantiques, notamment des relations syntagmatiques, de dérivation ou de méronymie. On pourrait envisager de déployer d'autres techniques d'analyse distributionnelle sur les données que nous avons utilisées afin de comparer leur capacité à repérer des relations lexico-sémantiques à partir de corpus spécialisés.

Étant donné la qualité des résultats obtenus sur le corpus PANACEA, un corpus provenant de sources hétérogènes et destiné à des publics variés, il serait intéressant de vérifier quel degré de précision on peut atteindre en exploitant un corpus plus homogène et destiné à des experts, mais portant sur le même domaine. Nous envisageons également de vérifier dans quelle mesure ce modèle peut faciliter une description terminologique basée sur la sémantique des cadres (Fillmore, 1982; Ruppenhofer *et al.*, 2010).

Remerciements

Nous remercions Marie-Claude L'Homme, Patrick Drouin et les relecteurs anonymes pour leurs commentaires et suggestions, et nous remercions Mme L'Homme d'avoir réalisé l'évaluation manuelle. Ce projet bénéficie du soutien financier du Conseil de recherches en sciences humaines (CRSH) du Canada.

Références

ADAM C., FABRE C. & MULLER P. (2013). Évaluer et améliorer une ressource distributionnelle : Protocole d'annotation de liens sémantiques en contexte. *TAL*, **54**(1), 71–97.

ANGUIANO E. H. & DENIS P. (2011). FreDist : Automatic construction of distributional thesauri for French. In *Actes de la 18e conférence sur le traitement automatique des langues naturelles (TALN)*, p. 119–124, Montpellier.

BOUDIN F. (2013). TALN Archives : Une archive numérique francophone des articles de recherche en traitement automatique de la langue. In *Actes de la 20e conférence sur le traitement automatique des langues naturelles (TALN)*, p. 507–514, Les Sables d'Olonne.

BOURIGAULT D. (2002). Upery : Un outil d'analyse distributionnelle étendue pour la construction d'ontologies à partir de corpus. In *Actes de la 9e conférence sur le traitement automatique des langues naturelles (TALN)*, p. 75–84, Nancy.

BULLINARIA J. A. & LEVY J. P. (2007). Extracting semantic representations from word co-occurrence statistics : A computational study. *Behavior research methods*, **39**(3), 510–526.

DROUIN P. (2007). Identification automatique du lexique scientifique transdisciplinaire. *Revue française de linguistique appliquée*, **12**(2), 45–64.

FERRET O. (2010). Similarité sémantique et extraction de synonymes à partir de corpus. In *Actes de la 17e conférence sur le traitement automatique des langues naturelles (TALN)*, Montréal.

FILLMORE C. J. (1982). Frame semantics. In THE LINGUISTIC SOCIETY OF KOREA, Ed., *Linguistics in the Morning Calm : Selected Papers from SICOL-1981*, p. 111–137. Seoul : Hanshin Publishing Co.

GREFENSTETTE G. (1992). Sextant : Exploring unexplored contexts for semantic extraction from syntactic analysis. In *Proceedings of the 30th annual meeting on Association for Computational Linguistics*, p. 324–326 : Association for Computational Linguistics.

HARRIS Z. S. (1954). Distributional structure. *Word*, **10**(2–3), 146–162.

KIELA D. & CLARK S. (2014). A systematic study of semantic vector space model parameters. In *Proceedings of the 2nd Workshop on Continuous Vector Space Models and their Compositionality (CVSC) @ EACL 2014*, p. 21–30 : Association for Computational Linguistics.

LANDAUER T. K. & DUMAIS S. T. (1997). A solution to Plato's problem : The latent semantic analysis theory of acquisition, induction, and representation of knowledge. *Psychological review*, **104**(2), 211.

LAVELLI A., SEBASTIANI F. & ZANOLI R. (2004). Distributional term representations : An experimental comparison. In *Proceedings of the thirteenth ACM international conference on information and knowledge management*, p. 615–624 : ACM.

L'HOMME M.-C. (2004). *La terminologie : Principes et techniques*. Montréal : Presses de l'Université de Montréal.

LUND K. & BURGESS C. (1996). Producing high-dimensional semantic spaces from lexical co-occurrence. *Behavior Research Methods, Instruments, & Computers*, **28**(2), 203–208.

LUND K., BURGESS C. & ATCHLEY R. A. (1995). Semantic and associative priming in high-dimensional semantic space. In *Proceedings of the 17th annual conference of the Cognitive Science Society*, volume 17, p. 660–665.

MORLANE-HONDÈRE F. & FABRE C. (2012). Le test de substituabilité à l'épreuve des corpus : Utiliser l'analyse distributionnelle automatique pour l'étude des relations lexicales. In *Actes du Congrès mondial de linguistique française (CMLF) 2012*, p. 1001–1015.

NAZARENKO A., ZWEIGENBAUM P., BOUAUD J. & HABERT B. (1997). Corpus-based identification and refinement of semantic classes. In *Proceedings of the AMIA Annual Fall Symposium*, p. 585–589 : American Medical Informatics Association.

PADRÓ M., IDIART M., VILLAVICENCIO A. & RAMISCH C. (2014). Comparing similarity measures for distributional thesauri. In *Proceedings of the Ninth International Conference on Language Resources and Evaluation (LREC'14)*, Reykjavik, Iceland : European Language Resources Association (ELRA).

PEDREGOSA F., VAROQUAUX G., GRAMFORT A., MICHEL V., THIRION B., GRISEL O., BLONDEL M., PRETTENHOFER P., WEISS R., DUBOURG V., VANDERPLAS J., PASSOS A., COURNAPEAU D., BRUCHER M., PERROT M. & DUCHESNAY E. (2011). Scikit-learn : Machine learning in Python. *Journal of Machine Learning Research*, **12**, 2825–2830.

PHAL A. (1971). *Vocabulaire général d'orientation scientifique (V.G.O.S.) – Part du lexique commun dans l'expression scientifique*. Paris : Didier, Crédif.

REISINGER J. & MOONEY R. J. (2010). Multi-prototype vector-space models of word meaning. In *Human Language Technologies : The 2010 Annual Conference of the North American Chapter of the Association for Computational Linguistics*, p. 109–117 : Association for Computational Linguistics.

RUPPENHOFER J., ELLSWORTH M., PETRUCK M. R. L., JOHNSON C. R. & SCHEFFCZYK J. (2010). FrameNet II : Extended theory and practice. `http://framenet2.icsi.berkeley.edu/docs/r1.5/book.pdf`.

SAHLGREN M. (2006). *The word-space model : Using distributional analysis to represent syntagmatic and paradigmatic relations between words in high-dimensional vector spaces*. PhD thesis, Stockholm University.

SCHMID H. (1994). Probabilistic part-of-speech tagging using decision trees. In *Proceedings of the International Conference on New Methods in Language Processing*.

SCHÜTZE H. (1992). Dimensions of meaning. In *Proceedings of the 1992 ACM/IEEE Conference on Supercomputing, Supercomputing'92*, p. 787–796 : IEEE Computer Society Press.

TURNEY P. D. & PANTEL P. (2010). From frequency to meaning : Vector space models of semantics. *Journal of artificial intelligence research*, **37**(1), 141–188.

TUTIN A. (2007). Traitement sémantique par analyse distributionnelle des noms transdisciplinaires des écrits scientifiques. In *Actes de la 14e conférence sur le traitement automatique des langues naturelles (TALN)*, p. 283–292, Toulouse.

URIELI A. & TANGUY L. (2013). L'apport du faisceau dans l'analyse syntaxique en dépendances par transitions : Études de cas avec l'analyseur Talismane. In *Actes de la 20e conférence sur le traitement automatique des langues naturelles (TALN)*, p. 188–201, Les Sables d'Olonne.

WEEDS J., WEIR D. & MCCARTHY D. (2004). Characterising measures of lexical distributional similarity. In *Proceedings of the 20th international conference on Computational Linguistics*, p. 1015 : Association for Computational Linguistics.

Analyse de positionnement multidimensionnel sur le corpus spécialisé TALN

Ann Bertels[1, 2] Dirk Speelman[2]
(1) ILT, KU Leuven, Dekenstraat 6, B-3000 Leuven (Belgique)
(2) QLVL, KU Leuven, Blijde-Inkomststraat 21, B-3000 Leuven (Belgique)
ann.bertels@ilt.kuleuven.be, dirk.speelman@arts.kuleuven.be

Résumé. Cet article présente la méthodologie et les résultats d'une analyse sémantique distributionnelle, développée sur un corpus technique pour l'exploration visuelle de la proximité sémantique entre les cooccurrents d'un mot-pôle. Ici, nous utilisons cette approche sur un corpus relevant d'un autre domaine spécialisé, pour la mettre à l'épreuve et pour comparer les résultats à d'autres approches. A l'aide d'une analyse statistique de positionnement multidimensionnel (*Multidimensional Scaling* ou MDS), nous procédons au regroupement des cooccurrents de premier ordre de huit mots-pôles sélectionnés, en fonction des cooccurrents de deuxième et troisième ordre partagés. La visualisation par mot-pôle permet de cerner des groupes de cooccurrents sémantiquement similaires. Ces analyses exploratoires sur le corpus TALN visent non seulement à vérifier ce que nous apprend notre approche sur les nouvelles données, mais également à découvrir ce que ces données nous apprennent sur notre approche, dans le souci de la mettre au point.

Abstract. This paper addresses the methodology and results of a distributional semantic analysis, developed on a technical corpus for the visual exploration of the semantic proximity between the collocates of a node. We now use this approach on a corpus from another specialised domain, in order to put it to the test and compare the results to other approaches. Multidimensional scaling analysis (MDS) is carried out in order to cluster first-order co-occurrences of eight selected nodes, with respect to shared second and third-order co-occurrences. Visualisation for each node shows interesting groupings of semantically related collocates. The aim of this exploratory analysis on the TALN-corpus is not only to find out what our approach says about the new data, but also to discover what these data teach us about our approach and how we can improve and refine it.

Mots-clés : Analyse de cooccurrences, cooccurrents de deuxième et troisième ordre, positionnement multidimensionnel, regroupement, exploration sémantique visuelle.

Keywords : Co-occurrence analysis, second and third-order collocates, Multidimensional Scaling (MDS), clustering, visual semantic exploration.

1 Introduction

Cet article présente la méthodologie et les résultats d'une analyse de positionnement multidimensionnel effectuée sur le corpus TALN. Ce corpus spécialisé de petite taille (environ 2 millions d'occurrences) relève du domaine du traitement automatique des langues naturelles et contient une sélection d'articles issus des conférences TALN et RECITAL au cours de la période 2007-2013. Il a été mis à la disposition des participants à l'atelier SemDis 2014 du colloque TALN 2014. L'archive numérique a été constituée dans le but de regrouper des articles scientifiques publiés dans le domaine du TAL et d'offrir un portail facilitant l'accès à ces publications (Boudin, 2013). Les analyses décrites dans le présent article sont conduites sur la version lemmatisée et annotée du corpus TALN (Urieli, Tanguy, 2013).

La méthodologie adoptée s'inscrit dans le contexte de la sémantique distributionnelle. Elle a été développée dans le cadre d'une analyse exploratoire des données de cooccurrence dans un corpus technique relevant du domaine des machines-outils pour l'usinage des métaux, de taille comparable (environ 1,7 million d'occurrences). L'analyse exploratoire (cf. Bertels, Speelman, 2013) porte sur les cooccurrents d'un mot-pôle technique, c'est-à-dire les mots qui figurent dans une fenêtre d'observation (*span*) de 5 mots à gauche et à droite du mot-pôle. Ces cooccurrents de premier ordre du mot-pôle sont regroupés et visualisés en 2D en fonction des cooccurrents de deuxième et troisième ordre qu'ils partagent. Les cooccurrents de deuxième ordre sont définis comme les cooccurrents des cooccurrents de premier ordre du mot-pôle et les cooccurrents de troisième ordre comme les cooccurrents de ces cooccurrents de deuxième ordre. Le but de l'analyse exploratoire est de cerner des groupes de cooccurrents de premier ordre sémantiquement liés pour accéder à la sémantique du mot-pôle technique. Les analyses de regroupement (*clustering*) et de visualisation (*plotting*) des cooccurrents de premier ordre font suite à une étude sémantique quantitative effectuée précédemment sur le corpus technique (Bertels et al., 2010). Dans cette étude précédente, nous avons développé une mesure de monosémie qui consiste à implémenter la monosémie en termes d'homogénéité sémantique (Habert et al., 2005). Une unité lexicale monosémique apparaît dans des contextes sémantiquement plutôt homogènes, parce qu'elle se caractérise par des cooccurrents qui appartiennent à des champs sémantiques similaires. La similarité distributionnelle reflète la similarité sémantique. Par contre, une unité lexicale polysémique se caractérise par des cooccurrents sémantiquement plus hétérogènes. L'accès à la sémantique des cooccurrents d'un mot-pôle se fait à partir de leurs cooccurrents, c'est-à-dire à partir des cooccurrents de deuxième ordre (Grefenstette, 1994). Ceux-ci permettent aussi de remédier au problème de la distribution irrégulière des sens du mot-pôle dans un corpus (Habert et al., 2004).

Dans nos premières analyses de positionnement multidimensionnel sur le corpus technique, nous avons constaté que la visualisation des proximités et distances sémantiques entre les cooccurrents de premier ordre d'un mot-pôle sémantiquement hétérogène permet de mieux comprendre et interpréter son degré d'hétérogénéité sémantique (pour plus de détails, voir Bertels, Speelman, 2013). Pour le mot-pôle technique *tour*, par exemple, la visualisation de la répartition des cooccurrents de premier ordre montre quelques groupes de cooccurrents sémantiquement liés et quelques cooccurrents plutôt isolés, qui reflètent bien les différents sens de ce mot-pôle à la fois homonymique et polysémique dans le corpus technique analysé (Bertels, Speelman, 2013).

Dans le présent article, nous expliquons d'abord la problématique et les questions de recherche pour le corpus TALN (section 2), ainsi que l'approche méthodologique (section 3). Ensuite, nous discutons les résultats de l'analyse distributionnelle pour la sélection de huit mots-pôles, en prenant en considération non seulement les interprétations sémantiques, mais également les répercussions méthodologiques (section 4). Nous terminons par quelques conclusions pour l'analyse sémantique distributionnelle sur le corpus TALN et pour notre approche méthodologique (section 5).

2 Problématique

Dans le cadre de la tâche exploratoire sur le corpus TALN, nous nous proposons de mettre à l'épreuve une approche de sémantique distributionnelle. A cet effet, nous considérons les huit mots sélectionnés (*calculer*, *complexe*, *précis*, *fréquence*, *graphe*, *méthode*, *sémantique*, *trait*) comme mots-pôles et nous essayons de faire ressortir leurs propriétés sémantiques. Dans un premier temps, nous aimerions savoir ce que nous apprend notre approche sur les données du corpus TALN, c'est-à-dire ce qu'elle permet d'en retirer. Dans un deuxième temps, nous aimerions découvrir ce que nous apprennent ces données sur notre approche et comment elles pourraient contribuer à sa mise au point.

Tout d'abord, nous nous demandons si notre approche fonctionne sur un autre corpus spécialisé. Permet-elle de générer des résultats interprétables d'un point de vue sémantique, quand elle est appliquée à des données relevant d'un autre domaine que celui du corpus technique, avec ses particularités thématiques, stylistiques et sémantiques ? Si oui, quels sont ensuite les résultats de l'analyse distributionnelle sur le corpus TALN pour les huit mots-pôles proposés ? Plus particulièrement, quelles sont les conclusions sémantiques qu'on pourra en tirer ? Et, finalement, quels sont les enseignements méthodologiques ? Quelles sont les mises au point nécessaires et quels sont les paramétrages requis pour préciser les résultats et pour peaufiner la méthode ?

3 Approche méthodologique

3.1 Sémantique distributionnelle

La plupart des analyses en sémantique distributionnelle (Sahlgren, 2006 et 2008 ; Turney, Pantel, 2010) étudient la proximité sémantique entre mots. Deux mots sont sémantiquement similaires s'ils figurent dans des contextes similaires, c'est-à-dire s'ils partagent soit des contextes syntaxiques (Morlane-Hondère, 2013 ; Morardo, Villemonte de La Clergerie, 2013) soit des cooccurrents de premier ordre (Sahlgren, 2008 ; Peirsman, Geeraerts, 2009 ; Ferret, 2010 ; Heylen et al., 2012 ; Wielfaert et al., 2013). Ces dernières analyses s'appuient sur des mesures d'association pour déterminer les cooccurrents statistiquement pertinents et sur des métriques de distance pour positionner les mots les uns par rapport aux autres en fonction des cooccurrents de premier ordre qu'ils partagent. Les mots qui apparaissent souvent avec les mêmes cooccurrents se retrouvent regroupés dans un espace de mots, dont la représentation graphique permet de visualiser des groupes de synonymes (Ferret, 2010) ou des mots sémantiquement liés (Peirsman, Geeraerts, 2009). Si les données au niveau des cooccurrents de premier ordre sont rares (*data sparseness*), il est fait appel aux cooccurrents de deuxième ordre (Schütze, 1998 ; Lemaire, Denhière, 2006). Dans nos analyses sur le corpus technique, nous cherchions à mieux comprendre le degré d'hétérogénéité sémantique d'un mot-pôle technique. Nous étions donc intéressés par les rapports sémantiques entre ses cooccurrents de premier ordre. Par conséquent, dans notre approche méthodologique, l'objet d'analyse se situe à un ordre supérieur par rapport à l'objet d'analyse des études en sémantique distributionnelle évoquées ci-dessus. Le but est de positionner les cooccurrents de premier ordre d'un mot-pôle les uns par rapport aux autres en fonction des cooccurrents de deuxième ordre et/ou de troisième ordre partagés, pour ainsi cerner des groupes de cooccurrents de premier ordre sémantiquement similaires.

3.2 Analyse de positionnement multidimensionnel des cooccurrents de premier ordre

Pour chacun des huit mots-pôles sélectionnés sur le corpus spécialisé TALN, nous procédons d'abord à une analyse de cooccurrences, à trois reprises, pour déterminer les cooccurrents de premier ordre pertinents, ainsi que les cooccurrents de deuxième et troisième ordre pertinents. Pour identifier les cooccurrents pertinents, nous nous appuyons sur la mesure d'association de l'information mutuelle (*Pointwise Mutual Information* ou PMI) (Church, Hanks, 1990). Or, la mesure de la PMI a tendance à surestimer la valeur d'association des mots rares et de ce fait elle est moins fiable pour des cooccurrents à faible co-fréquence. Pour remédier à ce problème de fiabilité, il est conseillé de respecter un seuil de co-fréquence minimale supérieur ou égal à 5 (Evert, 2007), ce qui signifie que le mot-pôle et le cooccurrent doivent apparaître ensemble au moins cinq fois.

Pour le regroupement et la visualisation des cooccurrents de premier ordre d'un mot-pôle, en fonction des cooccurrents de deuxième et troisième ordre partagés, nous recourons à l'analyse statistique de positionnement multidimensionnel (*MultiDimensional Scaling* ou MDS) (Kruskal, Wish, 1978 ; Cox, Cox, 2001 ; Venables, Ripley, 2002). La technique de MDS[1] est implémentée dans le logiciel d'analyse statistique R[2]. Dans nos analyses, nous utilisons le positionnement non métrique `isoMDS`, disponible dans le paquet `MASS`. Cette technique permet d'analyser une matrice pour un ensemble de données disposées en rangées (ici : les cooccurrents de premier ordre ou les *c*) à partir de leurs valeurs pour plusieurs variables disposées en colonnes (ici : les cooccurrents de deuxième ordre ou les *cc*). Les valeurs dans la matrice sont les valeurs d'association PMI respectives entre les *c* et les *cc*. Les données de la matrice $c \times cc$ sont réarrangées de façon à obtenir la configuration visuelle qui représente le mieux possible les distances observées entre les *c*. La meilleure représentation visuelle est celle qui maximise la qualité de l'ajustement (*goodness-of-fit*) et qui minimise la distorsion lors de la réduction de l'ensemble des dimensions aux deux dimensions visualisées (*plot*). La qualité de la représentation visuelle est évaluée à l'aide du *stress*. Le pourcentage de stress est un indicateur de la qualité de l'ajustement (Desbois, 2005). Il doit être minimal pour garantir la fiabilité de la représentation visuelle par rapport aux données disposées dans la matrice d'origine. En règle générale, un pourcentage de stress inférieur à 10% est excellent et un pourcentage supérieur à 15% est inacceptable (Clarke, 1993 ; Borg et Groenen, 2005).

À partir de la matrice $c \times cc$ par mot-pôle, nous générons une matrice de distance dans le logiciel R, en calculant les distances par paire d'observations avec la métrique de l'angle du cosinus[3] (*cosine angle*). Cette métrique de distance s'applique à des observations représentées par des vecteurs et elle détermine la similarité entre les observations par le calcul de l'angle entre leurs vecteurs. Les rangées de la matrice de base $c \times cc$, à savoir les cooccurrents de premier ordre, sont conçues comme des vecteurs avec une valeur par colonne. Pour ces vecteurs, la similarité est calculée en fonction des valeurs d'association PMI dans les différentes colonnes, c'est-à-dire avec les différents cooccurrents de deuxième ordre. La matrice de distance est ensuite soumise à une analyse de positionnement multidimensionnel (MDS). Celle-ci consiste à regrouper les cooccurrents de premier ordre (*c*) d'un mot-pôle en fonction des valeurs d'association PMI similaires avec des *cc* similaires et à visualiser ces proximités et distances sémantiques en 2D. Ainsi, elle permet d'accéder à la sémantique du mot-pôle.

3.3 Configurations de paramètres pour la matrice de cooccurrences

Les analyses MDS discutées ci-dessous prennent comme point de départ une matrice de cooccurrences par mot-pôle. Celle-ci est réalisée à l'aide de scripts en Python à partir de la version lemmatisée et annotée du corpus TALN. Dans le

1 Le MDS est une méthode d'analyse multivariée descriptive, comme l'analyse factorielle des correspondances (AFC) ou l'analyse en composantes principales (ACP). A la différence de ces techniques, le MDS permet d'analyser tout type de matrice de (dis)similarité, si les (dis)similarités sont évidentes. Le MDS n'impose pas de restrictions, telles que des relations linéaires entre les données sous-jacentes, leur distribution normale multivariée ou la matrice de corrélation (http://www.statsoft.com/textbook/stmulsca.html).

2 R : www.r-project.org.

3 Dans R, l'angle du cosinus est implémenté dans la fonction `distancematrix` du paquet `hopach`.

fichier *.txt mis à disposition, les scripts reprennent les colonnes deux et trois avec respectivement les formes graphiques et les lemmes, ainsi que les colonnes quatre et cinq avec les indications de classe lexicale, respectivement des formes graphiques et des lemmes. Les indications de classe lexicale permettent d'enrichir les informations sémantiques et/ou de cibler les analyses en fonction de la classe lexicale du mot-pôle ou des cooccurrents. Nous considérons plusieurs configurations de paramètres pour la matrice de cooccurrences des mots-pôles (cf. table 1), dans le but de trouver la configuration de paramètres la plus efficace d'un point de vue statistique et la plus intéressante d'un point de vue sémantique. S'il s'avère que les caractéristiques du mot-pôle (sa fréquence, sa classe lexicale, ses particularités sémantiques, etc.) affectent les résultats, il sera intéressant d'évaluer l'impact des caractéristiques linguistiques sur l'approche méthodologique et d'en ajuster le paramétrage. A cet effet, nous prenons en considération des critères quantitatifs, comme le nombre de cooccurrents visualisés et le pourcentage de stress, ainsi que des critères qualitatifs, tels que la lisibilité et l'interprétation sémantique des représentations visuelles.

Paramètres	Configurations
Seuil de co-fréquence minimale	5 ou 10 ou 20 ou 50 en fonction de la fréquence du mot-pôle
Forme graphique (W) ou lemme (L) des *c* et *cc* et *ccc*	LWW versus LLL
Taille de la fenêtre d'observation (*span*)	5L5R versus 3L3R

TABLE 1: Configurations de paramètres pour la matrice de cooccurrences

Tout d'abord, nous tenons à expliquer l'importance du seuillage pour l'analyse de cooccurrences pendant la constitution de la matrice de cooccurrences. Nous introduisons un seuil inférieur de co-fréquence minimale pour tous les mots-pôles, aussi bien peu fréquents que plus fréquents, voire même très fréquents. Pour les mots-pôles peu fréquents (p.ex. *précis*, avec une fréquence de 378), nous appliquons le seuil minimal de co-fréquence minimale de 5 (cf. section 3.2). En-dessous de ce seuil, les résultats ne sont plus statistiquement fiables (Evert, 2007). Pour les mots-pôles plus fréquents (p.ex. *calculer* et *trait*, avec une fréquence d'environ 1000 occurrences), le seuil de co-fréquence est plus élevé, par exemple 10 ou 20. Pour le mot-pôle le plus fréquent (*méthode*, avec une fréquence de plus de 3800 occurrences), le seuil est fixé à une co-fréquence supérieure ou égale à 50. En général, un mot-pôle plus fréquent, voire très fréquent, se caractérise par un nombre plus élevé de cooccurrents pertinents. Dès lors, un seuil plutôt faible (par exemple ≥ 5 ou 10) recenserait énormément de *c* pertinents. Or, un nombre trop important de *c* rendrait la visualisation trop dense et dès lors illisible. Un seuil de co-fréquence plus élevé (par exemple ≥ 20 ou 50) permet de relever généralement moins de *c* pertinents, mais des *c* plus fréquents, qui sont souvent des mots grammaticaux. Un nombre trop faible de *c* ne donnerait pas assez d'informations pour l'interprétation sémantique de la visualisation. Une prédominance de mots grammaticaux parmi les *c* poserait aussi un problème d'interprétation. Par conséquent, les mots grammaticaux sont supprimés parmi les *c*, dans les rangées de la matrice de cooccurrences, avant l'analyse MDS. Dans les colonnes de la matrice de cooccurrences, les mots grammaticaux sont conservés, parce qu'ils sont susceptibles d'apporter des informations sémantiques utiles, par exemple *pendant* indique un processus. Ce n'est pas la probabilité de la contribution sémantique des mots grammaticaux qui est différente entre les rangées et les colonnes de la matrice de cooccurrences, mais plutôt l'impact des mots grammaticaux sur la complexité de l'analyse et de la visualisation. Dans les colonnes, la présence des mots grammaticaux parmi les *cc* est parfaitement gérable. Par contre, dans les rangées, leur présence parmi les *c* rendrait la visualisation trop dense et dès lors illisible.

Des expérimentations de regroupement et de visualisation effectuées sur un extrait du corpus technique de 320 000 mots (Bertels, Speelman, 2013) et des expérimentations plus récentes sur le corpus technique entier (Bertels, Speelman, 2014) ont démontré la valeur ajoutée de la prise en considération des cooccurrents de troisième ordre (ou *ccc*). Les résultats d'une matrice de cooccurrences *c* × *ccc* sont nettement meilleurs que ceux d'une matrice *c* × *cc*, avec un pourcentage de stress inférieur et une interprétation sémantique plus intéressante. En effet, la matrice *c* × *cc* souffre souvent d'un problème de rareté de données, parce que de nombreux *cc* sont partagés par très peu de *c*. Par conséquent, la représentation visuelle est basée sur des informations très dispersées et de ce fait moins intéressantes. Pour enrichir la matrice, nous recourons aux cooccurrents de troisième ordre (ou *ccc*). Les informations sémantiques apportées par les cooccurrences d'un ordre supérieur sont généralement plus riches et plus robustes (Schütze, 1998). Dans une telle matrice *c* × *ccc* par mot-pôle, tous les *c* pertinents sont disposés en rangées et tous les *ccc* pertinents (pour tous les *c* pertinents et tous les *cc* pertinents) en colonnes. La valeur d'une case n'est pas simplement la valeur d'association PMI, mais la somme de colonne d'une nouvelle matrice générée pour chaque *c* du mot-pôle, avec les *cc* en rangées et les *ccc* en colonnes. S'il y a *n ccc* au total pour tous les *cc* d'un *c*, la nouvelle matrice *cc* × *ccc* pour chaque *c* permet de calculer la somme par colonne pour ainsi générer un vecteur à *n* dimensions, qui permet de remplir les *n* cases de la rangée *c* de la matrice *c* × *ccc* (cf. table 2). La matrice *c* × *ccc* est moins creuse et donc plus intéressante pour visualiser les *c* en fonction des informations sémantiques véhiculées par tous les *ccc* de tous les *cc* de ces *c*.

Dans une prochaine étape, nous envisageons de pondérer les différentes lignes de la matrice *cc* × *ccc* en fonction de la valeur d'association PMI entre les *c* et les *cc*. La prise en compte d'une somme pondérée permettrait d'accorder plus d'importance aux *ccc* des *cc* les plus fortement associés aux *c*. Une telle pondération constitue une mise au point très intéressante, mais une simple somme est justifiée, provisoirement, comme procédure simplifiée.

	ccc_1	ccc_2	ccc_3	ccc_4	ccc_5	ccc_6
c_1	somme de colonne pour la colonne ccc_1 dans la matrice *cc* × *ccc* pour c_1	somme de colonne pour la colonne ccc_2 dans la matrice *cc* × *ccc* pour c_1				
c_2	somme de colonne pour la colonne ccc_1 dans la matrice *cc* × *ccc* pour c_2					
c_3						
c_4						

TABLE 2: Exemple simplifié d'une matrice de cooccurrences *c* × *ccc*

Les mots-pôles de la sélection sont tous considérés au niveau des lemmes. Pour les *c* et et pour les *cc* et *ccc*, nous envisageons les deux possibilités. Lorsque les cooccurrents sont considérés au niveau des formes graphiques, ils sont susceptibles de véhiculer des informations sémantiques plus riches, comme par exemple la distinction entre *pièce usinée* (« résultat ») et *pièce à usiner* (« avant le processus d'usinage »). L'extraction des cooccurrents au niveau des formes graphiques donne lieu à la configuration LWW (*lemma – word form – word form*) (cf. table 1). Par contre, lorsque les cooccurrents sont considérés au niveau des lemmes, dans la configuration LLL (*lemma – lemma – lemma*), la visualisation des *c* gagne en lisibilité, parce que toutes les formes fléchies et conjuguées sont ramenées sous le lemme correspondant. Les *c* sont repérés dans une fenêtre d'observation (*span*) de 5 mots à gauche et à droite (5L5R) du mot-pôle, ensuite les *cc* dans une fenêtre de 5 mots à gauche et à droite des *c* et, finalement, les *ccc* dans une fenêtre de 5 mots à gauche et à droite des *cc*. Des expérimentations préalables ont démontré que cette fenêtre recense des cooccurrents sémantiquement intéressants sans introduire trop de bruit (Bertels, Speelman, 2013). Or, pour certains mots-pôles, une fenêtre plus petite de 3 mots à gauche et à droite (3L3R) s'avère plus intéressante (cf. section 4). Dans nos analyses sur le corpus TALN, les deux fenêtres seront prises en considération (cf. table 1) afin d'en évaluer l'effet.

Il est à noter qu'il aurait été intéressant d'inclure dans les configurations de paramètres aussi des informations de dépendance syntaxique, ce qui aurait permis d'évaluer la différence entre les cooccurrents de surface, tels que nous les considérons à présent, et les cooccurrents syntaxiques. L'avantage des cooccurrents syntaxiques, c'est qu'ils sont à la fois moins sensibles au bruit et au silence (Evert, 2007). La prise en compte des dépendances syntaxiques constitue certainement une piste de recherche future et permettra de continuer la mise au point de notre approche méthodologique. Les analyses de positionnement multidimensionnel décrites dans le présent article bénéficient déjà d'une mise au point par rapport à l'analyse exploratoire mentionnée ci-dessus (Bertels, Speelman, 2013), parce qu'elles prennent en considération la différence entre la forme graphique et le lemme des cooccurrents et qu'elles exploitent les indications de classe lexicale. Ces indications constituent une première étape dans la prise en compte des informations syntaxiques. Par ailleurs, notre approche méthodologique repose sur le principe de « similarité sémantique lexicale » (Ferret, 2010). Elle vise à déterminer des similarités sémantiques à partir de similarités distributionnelles et s'appuie sur des mesures d'association pour identifier les cooccurrents statistiquement pertinents, à l'instar d'autres études en sémantique distributionnelle (cf. Peirsman, Geeraerts, 2009 ; Heylen et al., 2012 ; Wielfaert et al., 2013).

4 Discussion des résultats

Les matrices de cooccurrences générées sur le corpus TALN pour les huit mots-pôles sont ensuite soumises à une analyse de positionnement multidimensionnel (*Multidimensional Scaling* ou MDS). Rappelons que celle-ci vise à regrouper les cooccurrents de premier ordre (*c*) de chaque mot-pôle en fonction des cooccurrents de deuxième ordre (*cc*) et de troisième ordre (*ccc*) partagés et à générer une représentation visuelle des *c* par mot-pôle. Les *c* qui ont des valeurs d'association PMI similaires avec des *cc* et *ccc* similaires et qui se caractérisent dès lors par des similarités distributionnelles, se retrouveront ensemble ou à de faibles distances sur la visualisation en 2D, ce qui reflète des similarités sémantiques. Ces proximités et distances en 2D permettent d'accéder à la sémantique du mot-pôle.

Comme la méthode a été développée dans un souci de mieux comprendre le phénomène d'hétérogénéité sémantique dans un corpus technique par le biais de la visualisation des distances distributionnelles entre les cooccurrents, nous présentons d'abord les résultats pour le mot-pôle polysémique *trait*, qui a de multiples usages dans le corpus TALN. Il est non seulement employé dans des sens linguistiques très spécifiques (*trait distinctif, trait sémantique*), mais également dans un sens plus général de signe de ponctuation (*trait d'union*) et dans des locutions adverbiales telles que *d'un seul trait* (« sans interruption »).

La configuration la plus intéressante pour le lemme ***trait*** (fréquence de 1804 dans le corpus TALN) permet de relever les cooccurrents au niveau des formes graphiques (LWW) dans une fenêtre de 5 mots à gauche et à droite (5L5R), avec les indications de classe lexicale (_wc) pour un seuil de co-fréquence minimale supérieur ou égal à 20. L'analyse MDS affiche un pourcentage de stress parfaitement acceptable de 12,12%. La visualisation ci-dessous montre le positionnement des 32 *c* lexicaux (cf. figure 1). Les 3 formes verbales (*permet, utilisant, utilisés*) sont indiqués en rouge, les 8 adjectifs en bleu et les 21 noms en noir. Ce qui saute aux yeux, ce sont les 3 *c* plutôt isolés en haut de la visualisation (*union*, *assignation* et *humain*). Le nom *union* réfère évidemment au terme *trait d'union*, le signe de ponctuation. *Assignation* se combine avec *trait* lorsque ce dernier est employé comme « signe distinctif » et indique le fait d'attribuer un trait. A droite, on retrouve d'ailleurs un cluster linguistique regroupant les *c* qui se combinent avec *trait* dans ce contexte linguistique spécifique : plusieurs noms (*nœuds*, *valeurs*, *catégories*, *structures*), mais surtout des adjectifs (*sémantiques*, *lexicaux*, *morphologiques*, *distinctifs*). Un seul adjectif (*humain*) se situe à l'écart à gauche en haut de la visualisation. Sa position particulière s'explique par le fait qu'il se combine avec des *cc* très particuliers, souvent des codes, tels que + et -. En bas, on retrouve des *c* plus généraux (*type*, *exemple*, *modèle*, *ensemble*, *nombre*). Les premières expérimentations sur le corpus spécialisé TALN semblent donc indiquer que notre approche fonctionne sur ce corpus et qu'elle permet de générer des résultats sémantiquement interprétables.

*** Formatting Issue - Best Available Graphic Used for This Paper ***

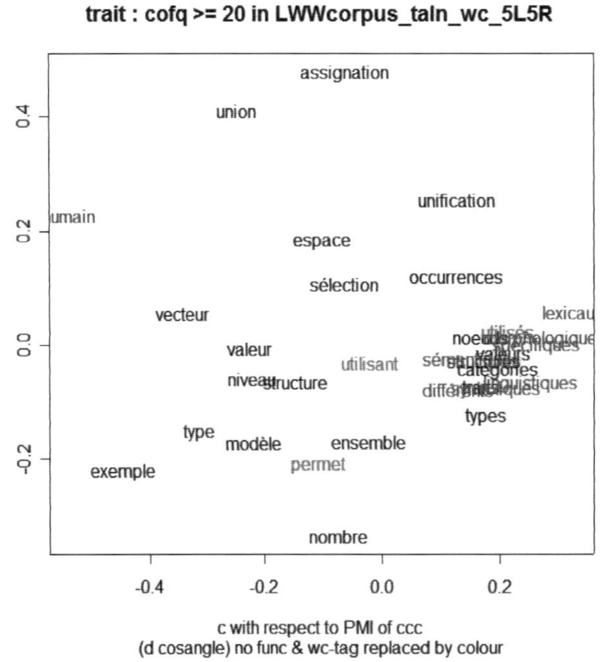

FIGURE 1: MDS des *c* de *trait* (mots lexicaux au seuil de co-fq ≥ 20)

*** Formatting Issue - Best Available Graphic Used for This Paper ***

Pour le lemme ***fréquence***, qui a une fréquence moins élevée (947), le seuil de co-fréquence a été fixé à 10, pour pouvoir relever suffisamment de *c* lexicaux. Une fenêtre plus restreinte de 3 mots à gauche et à droite (3L3R) permet de relever des *c* plus pertinents, qui sont pour la plupart des adjectifs. Il est donc plus judicieux de faire l'analyse MDS à partir des lemmes des cooccurrents (LLL). Pour cette configuration de paramètres avec 26 *c*, le pourcentage de stress est de 14,85%. La visualisation (cf. figure 2) montre les verbes en rouge, les adjectifs en bleu et les noms en noir. Un *c* est très éloigné des autres, à savoir *apparition*, qui s'emploie dans la combinaison privilégiée *fréquence d'apparition*. A gauche, on retrouve des *c* plutôt généraux qui expriment ce dont on étudie la fréquence, par exemple *la fréquence du nom / mot / terme dans le corpus*. En haut, vers la droite, on voit des verbes et noms déverbaux qui expriment ce qu'on fait avec les fréquences (*calculer*, *calcul*, *compte*). Finalement, le coin inférieur droit montre un cluster sémantique avec des adjectifs qui expriment le résultat du calcul ou qui indiquent l'importance de la fréquence, souvent par paire (*inférieur*, *supérieur*, *bas*, *haut*, *faible*, *élevé*). On observe un seul nom (*seuil*) qui marque le *cut off* de fréquence. Les adjectifs qui se situent plus au centre de la visualisation expriment des notions linguistiques plus spécifiques (*relatif*, *moyen*, *simple*).

*** Formatting Issue - Best Available Graphic Used for This Paper ***

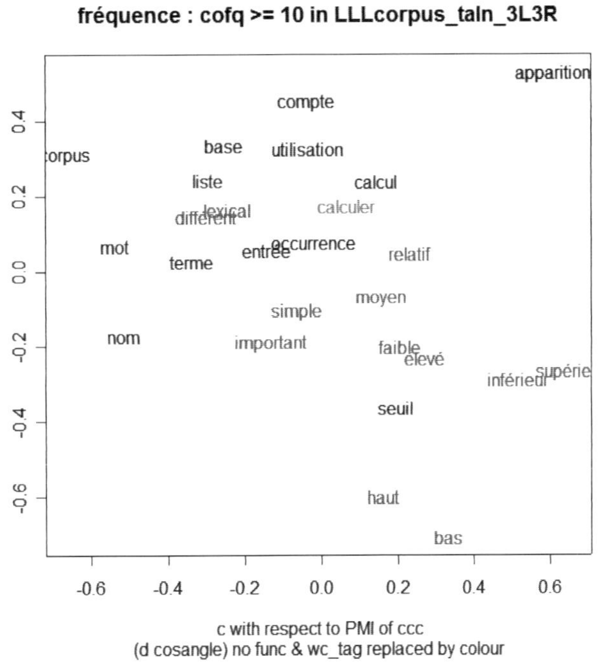

FIGURE 2: MDS des *c* de *fréquence* (mots lexicaux au seuil de co-fq ≥ 10)

*** Formatting Issue - Best Available Graphic Used for This Paper ***

Le mot-pôle le plus fréquent, *méthode*, se caractérise par une fréquence de 3808 dans le corpus TALN. Il permet donc d'évaluer l'impact de la fréquence du mot-pôle sur le paramétrage, plus particulièrement sur le seuil de co-fréquence minimale appliqué pendant la constitution de la matrice de cooccurrences. Au seuil de co-fréquence minimale supérieur ou égal à 20, nous relevons 149 *c*. Au seuil 10, nous en relevons 257. La visualisation de ces nombreux *c* afficherait une grande tache noire, même après suppression des *c* grammaticaux (environ un tiers). Il s'ensuit que plus le mot-pôle est fréquent dans le corpus, plus le seuil de co-fréquence minimale devra être élevé afin de garantir la lisibilité de la représentation visuelle.

Par conséquent, pour ***méthode*** le seuil de co-fréquence minimale sera fixé à 50. Pour les cooccurrents relevés au niveau des formes graphiques dans une fenêtre de 5 mots à gauche et à droite de *méthode*, le pourcentage de stress s'élève à 11,17% pour 24 *c* lexicaux. Nous optons ici pour la configuration des formes graphiques, d'une part, parce que la configuration des lemmes se caractérise par un pourcentage de stress trop élevé (18,41%) et, d'autre part, parce que nous observons un phénomène particulier. Dans les visualisations précédentes, les *c* se regroupaient en clusters sémantiques (cf. figures 1 et 2). Dans la visualisation des cooccurrents de *méthode*, un mot plus général et plus fréquent, nous observons ce qu'on pourrait qualifier de « cluster syntagmatique », c'est-à-dire une combinaison syntagmatique ou une suite de mots effective (cf. figure 3). En effet, à droite de la visualisation, au centre, nous retrouvons le début d'un paragraphe : *dans cet article nous proposons / présentons une méthode qui permet* ou *dans cet article nous proposons une méthode d'évaluation / d'analyse*. Surtout les formes conjuguées (1ère personne pluriel) et les types de verbes sont très représentatifs pour les articles scientifiques qui constituent le corpus. On observe en outre que les *c* plus spécifiques se regroupent à gauche dans la partie inférieure (*extraction*, *apprentissage*, *alignement*, *classification*, *segmentation*). Les rares adjectifs (en bleu) se situent également à gauche, avec l'adjectif *automatique* tout près du nom *extraction* ; les verbes (en rouge) se retrouvent majoritairement en bas de la visualisation.

*** Formatting Issue - Best Available Graphic Used for This Paper ***

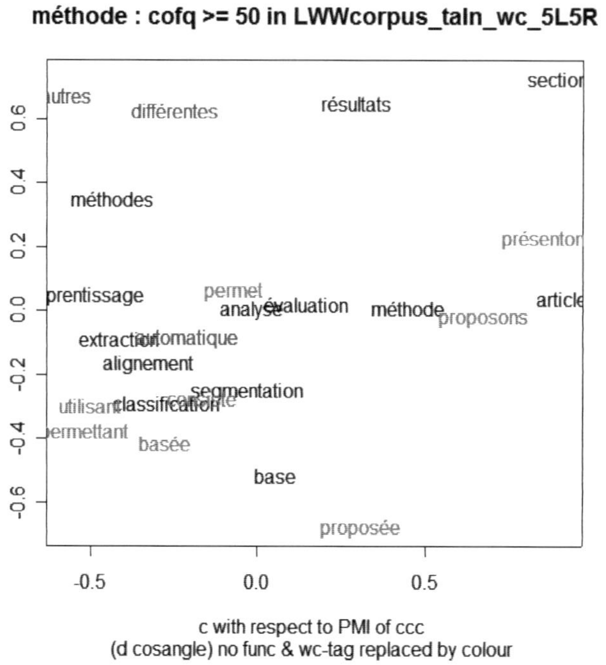

FIGURE 3: MDS des *c* de *méthode* (mots lexicaux au seuil de co-fq ≥ 50)

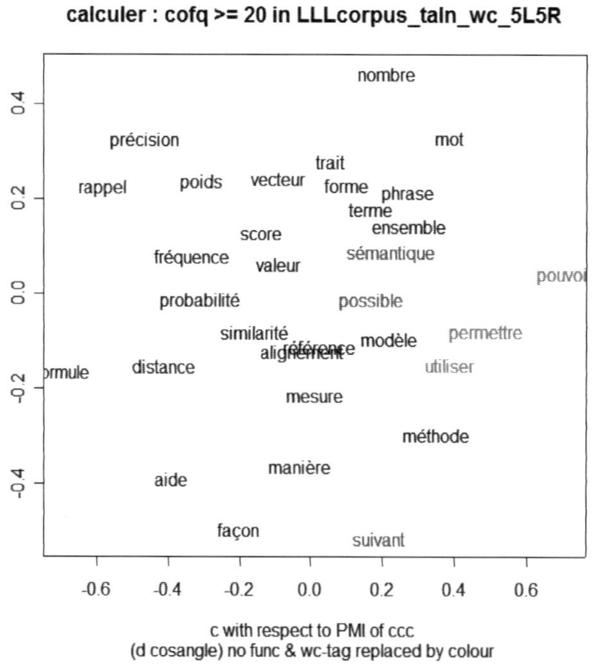

FIGURE 4: MDS des *c* de *calculer* (mots lexicaux au seuil de co-fq ≥ 20)

*** Formatting Issue - Best Available Graphic Used for This Paper ***

Le mot-pôle ***calculer*** (fréquence de 1236) est le seul verbe de la sélection de mots. Dans une fenêtre de 5 mots à gauche et à droite et au niveau des lemmes, nous recensons 32 *c* lexicaux au seuil 20 et 67 *c* lexicaux au seuil 10. Lorsque les 67 *c* sont visualisés en 2D, la visualisation est plutôt dense et de ce fait difficile à interpréter. Nous optons dès lors pour le seuil 20 et les 32 *c* lexicaux. Pour cette configuration, le pourcentage de stress (18,28%) dépasse le seuil de 15%. Les configurations avec un pourcentage de stress inférieur recensent trop peu de *c* lexicaux (p.ex. 12 ou 13 *c*) pour une interprétation sémantique intéressante. Pour le verbe *calculer* (cf. figure 4), nous observons clairement un cluster sémantique très spécifique à gauche en haut de la visualisation avec *précision* et *rappel*, et avec des *c* linguistiques tout proches, tels que *poids*, *fréquence*, *probabilité* et *similarité*. Signalons que les verbes se situent à droite : *pouvoir* et *permettre* expriment une possibilité et se retrouvent près de l'adjectif *possible*. Les *c* plus généraux se trouvent en bas de la visualisation (*aide*, *façon*, *manière*, *méthode*, *suivant*).

Le mot-pôle ***graphe*** (fréquence de 1116) se caractérise par une fréquence comparable à celle de *calculer* (1236) et de *fréquence* (947). A titre d'expérimentation, nous appliquons le seuil de co-fréquence minimale de 20 adopté pour *calculer*, ainsi que le seuil 10 adopté pour *fréquence*. Au seuil 20, le nombre de *c* lexicaux pertinents est nettement inférieur (25 *c*) à celui au seuil 10 (64 *c*). Dans la configuration au niveau des lemmes dans une fenêtre de 5 mots à gauche et à droite, l'analyse MDS au seuil 20 n'est pas satisfaisante (pourcentage de stress de 22,60%). Dans la configuration similaire au seuil 10, elle affiche un pourcentage de stress très bas de 3,33%. A première vue, ce pourcentage semble indiquer que la représentation visuelle en 2D est très fiable et qu'il y a très peu de distorsion pour représenter toutes les distances en 2D. Toutefois, lorsqu'on regarde la visualisation de près, on constate qu'il y a un seul *c* très périphérique, à savoir *acyclique*, et que tous les autres *c* se regroupent en un grand cluster de 63 *c* superposés, qu'il est impossible d'interpréter. Il est clair qu'il faudra éliminer ce *c* périphérique pour pouvoir appliquer notre approche et interpréter les résultats. Par ailleurs, le *c acyclique* constitue avec le mot-pôle *graphe* un terme classique en théorie des graphes et il est largement prédominant dans les combinaisons de mots avec *graphe*. Dans la configuration au seuil 10 avec indication de classe lexicale, l'analyse MDS pour les 64 *c* mène à un pourcentage de 12,19%. Le c *acyclique* se situe également à une position isolée, bien que moins extrêmement isolée. Les autres *c* sont fortement regroupés et la plupart d'entre eux sont difficiles à identifier.

Après suppression de cette observation très périphérique (*outlier*), l'analyse MDS pour les 63 *c* restants affiche un pourcentage de 13,28% dans la configuration au seuil 10 avec indication de classe lexicale et un pourcentage de 13,52% dans celle sans indication de classe lexicale, ce qui est parfaitement comparable. La représentation visuelle ci-dessous montre les résultats de cette première configuration (cf. figure 5). Les *c* les plus spécifiques du domaine (*nœud*, *arc*, *chemin*, *sommet*, *clique*) se regroupent en haut à droite : ils indiquent les éléments les plus importants d'un *graphe*, qu'on observe en haut à gauche.

*** Formatting Issue - Best Available Graphic Used for This Paper ***

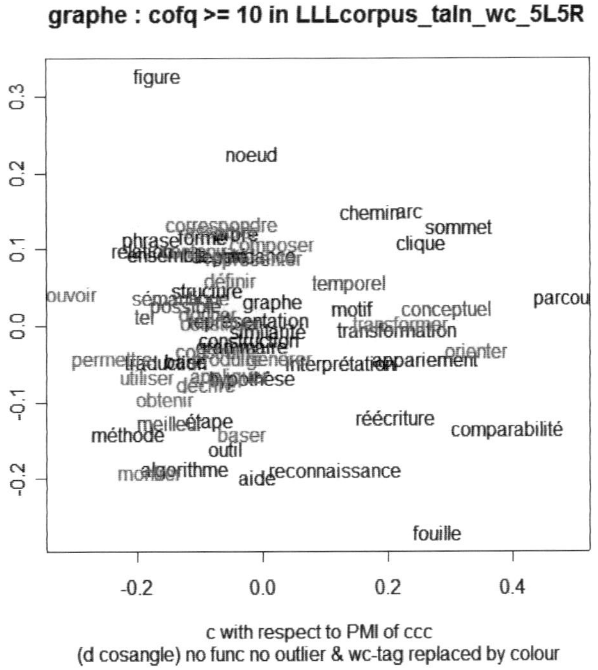

*** Formatting Issue - Best Available Graphic Used for This Paper ***

FIGURE 5: MDS des *c* de *graphe* (mots lexicaux au seuil de co-fq ≥ 10, après suppression de *acyclique*)

Pour le nom ***sémantique*** comme mot-pôle, il est indispensable d'intégrer les indications de classe lexicale pour le repérage des *c* pertinents du mot-pôle, afin de relever uniquement les occurrences (au niveau des lemmes) du nom *sémantique* (459) et pas celles de l'adjectif *sémantique* (3059). Comme le nom *sémantique* n'est pas très fréquent, nous adoptons le seuil de co-fréquence minimale de 5. Dans la configuration au niveau des lemmes dans une fenêtre de 5 mots à gauche et à droite du nom *sémantique*, l'analyse pour les 41 *c* lexicaux affiche un pourcentage de stress extrêmement bas de 0,63%. En effet, il y a une observation extrêmement périphérique, à savoir *Montague*, qui constitue une combinaison privilégiée (*la sémantique de Montague*). Après suppression de ce *c* périphérique, l'analyse MDS pour les 40 *c* lexicaux aboutit à un résultat satisfaisant de 13,78%. La visualisation ci-dessous (cf. figure 6) montre que les *c* du nom *sémantique* sont majoritairement des noms, indiqués en noir. Il n'y a que 5 adjectifs (*formel*, *temporel*, *lexical*, *syntaxique*, *sémantique*). A droite, on trouve des *c* sémantiquement liés (*syntaxe*, *sémantique*, *morphologie*). Le *c* *connecteur* se trouve à une position isolée à droite en bas de la visualisation. A gauche, on voit des *c* dont on pourra étudier la sémantique (*nom*, *mot*, *phrase*, *texte*). Les indications plus générales se regroupent en haut (*analyse*, *traitement*, *domaine*, *information*) et les indications plus spécifiques au centre, vers le bas (*arbre*, *sens*, *graphe*, *trait*, *discours*). Remarquons que *compte* et *calcul* se situent l'un près de l'autre au milieu de la visualisation !

*** Formatting Issue - Best Available Graphic Used for This Paper ***

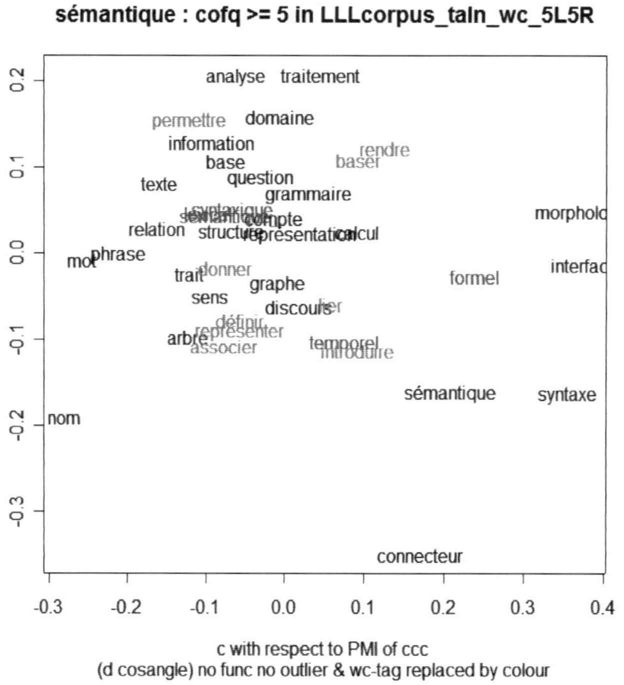

FIGURE 6: MDS des *c* de *sémantique* (mots lexicaux au seuil de co-fq ≥ 5, après suppression de *Montague*)

*** Formatting Issue - Best Available Graphic Used for This Paper ***

Les deux derniers mots-pôles discutés ci-dessous sont les deux adjectifs de la sélection de mots, à savoir *complexe* et *précis*. Pour l'interprétation de la visualisation des *c* de ces adjectifs, on s'intéressera surtout aux noms parmi les *c* visualisés, parce qu'un adjectif se combine de préférence avec un nom qu'il caractérise ou modifie. Il semble judicieux de séparer les visualisations en fonction des catégories, afin d'y voir plus clair, ce qui plaide également en faveur d'une prise en considération des relations syntaxiques dans nos futures recherches. Il est à noter que ces deux adjectifs ont un sens plutôt général, qu'on pourrait qualifier de vague. Pour cette raison, les résultats de notre approche pour ces deux adjectifs sont particulièrement intéressants. A l'origine, l'approche a été conçue pour observer comment se positionnent les cooccurrents d'un mot polysémique les uns par rapport aux autres, dans le but de mieux comprendre ce qui se cache derrière le phénomène d'hétérogénéité sémantique. Nous sommes donc curieux de voir si l'analyse MDS des cooccurrents de premier ordre fonctionne également pour ces deux adjectifs dans le corpus TALN.

Pour le mot-pôle ***complexe*** (fréquence de 732), nous envisageons la configuration au seuil 10. Dans presque toutes les configurations, au niveau des lemmes et des formes graphiques, dans une fenêtre de 3 et de 5 mots à gauche et à droite du mot-pôle, le pourcentage de stress est supérieur à 15%. Nous décidons dès lors de supprimer les adjectifs et les verbes parmi les *c*, puisqu'ils sont moins susceptibles de pointer vers un des sens de l'adjectif *complexe*. Pour les 26 noms restants dans la configuration des formes graphiques dans une fenêtre de 5 mots à gauche et à droite, avec indication de classe lexicale, le pourcentage de stress s'élève à 14,44%. La configuration au niveau des lemmes s'avère inacceptable (20,15%), bien que les lemmes des *c* améliorent la lisibilité et l'interprétation des résultats. Comme le montre la visualisation pour la configuration acceptable (cf. figure 7), les formes du pluriel s'affichent à gauche et les formes du singulier à droite. En haut à droite, nous observons des *c* plutôt généraux (*problème*, *tâche*, *traitement*) et au milieu à droite des *c* plus spécifiques (*terme*, *structure*, *phrase*). Les formes du pluriel correspondantes se regroupent également en fonction de leurs caractéristiques sémantiques : *termes*, *phrases*, *expressions*, *formes*, *relations* et *règles* en bas à gauche et *requêtes*, *tâches*, *questions*, *phénomènes* et *modèles* en haut. Notre approche s'applique donc également à des adjectifs comme mots-pôles, mais elle requiert alors un ajustement des paramètres. Quand on se focalise sur les noms dans les rangées (des *c*) de la matrice de cooccurrences, les résultats sont nettement meilleurs, tant en termes de pourcentage de stress (critère quantitatif), qu'en termes d'interprétation sémantique (critère qualitatif).

*** Formatting Issue - Best Available Graphic Used for This Paper ***

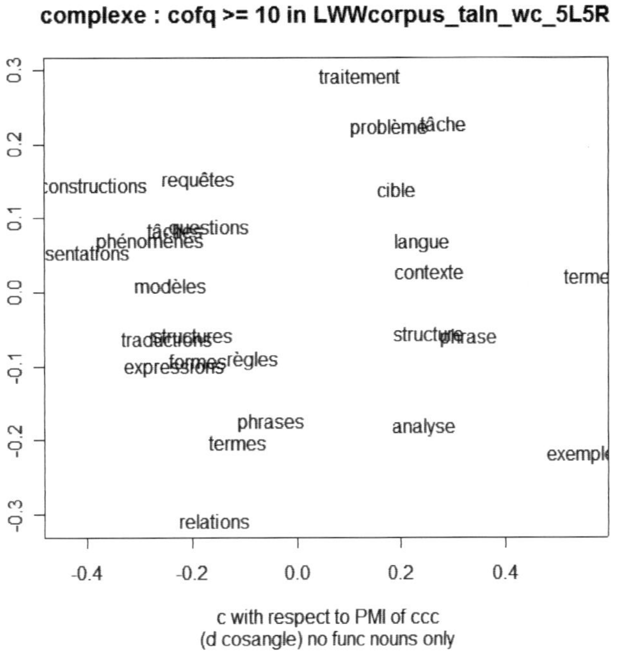

FIGURE 7: MDS des *c* de *complexe* (noms uniquement au seuil de co-fq $\geq$ 10)

*** Formatting Issue - Best Available Graphic Used for This Paper ***

Le dernier mot-pôle (***précis***) est un adjectif peu fréquent dans le corpus TALN (fréquence de 378). En fait, c'est le mot le moins fréquent de la sélection de mots. Nous appliquons dès lors le seuil minimal de 5 et nous considérons la configuration au niveau des lemmes, dans une fenêtre de 5 mots autour du mot-pôle pour 54 *c* lexicaux (stress de 16,64%). La configuration au niveau des formes graphiques donne lieu à des pourcentages de stress plus élevés, voire supérieurs à 20%. Une première visualisation de la configuration des lemmes montre un *c* très périphérique (*exhaustif*). Après suppression de cette observation aberrante, le pourcentage de stress ne s'améliore pas (18,96%). Après suppression des adjectifs et des verbes, donc en considérant uniquement les noms dans les rangées de la matrice de cooccurrences, comme nous l'avons fait pour *complexe* (cf. ci-dessus), l'analyse MDS pour les 38 noms génère un stress très légèrement supérieur au seuil (16,15%). La visualisation montre quelques groupes de *c* sémantiquement similaires : au milieu *manière* et *façon* qui se superposent, à gauche en bas *étude*, *recherche*, *évaluation*, *analyse*, en bas à droite *cas* et *exemple* (cf. figure 8 ci-dessus). Nous identifions également un groupe qui pourrait s'identifier comme un cluster syntagmatique, en haut à gauche, *identification et description d'un phénomène*.

*** Formatting Issue - Best Available Graphic Used for This Paper ***

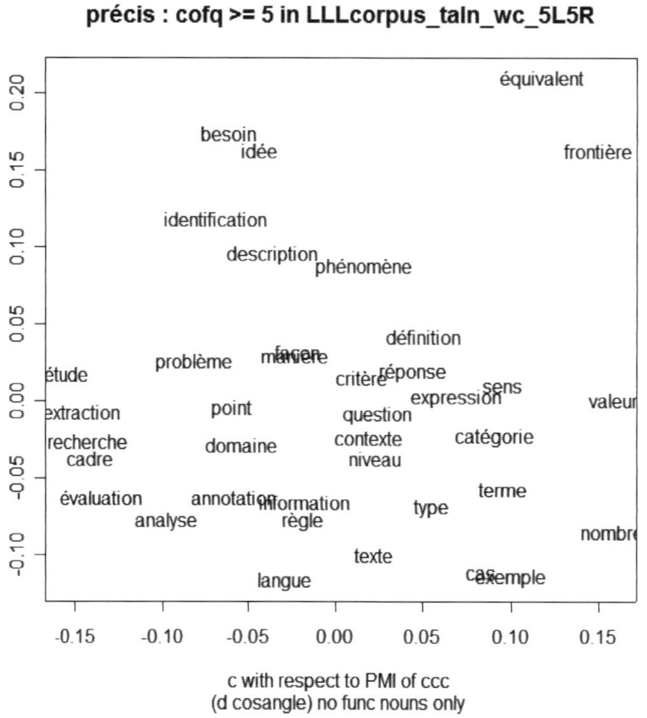

FIGURE 8: MDS des *c* de *précis* (noms uniquement au seuil de co-fq ≥ 5)

*** Formatting Issue - Best Available Graphic Used for This Paper ***

5 Conclusions

Dans le cadre de la tâche exploratoire sur le corpus TALN, nous avons appliqué une analyse de positionnement multidimensionnel des cooccurrents de premier ordre pour une sélection de huit mots-pôles. Cette approche a généré des résultats statistiquement acceptables et sémantiquement interprétables. En plus, les nouvelles données nous ont permis d'apprendre plus sur notre approche et de réajuster le paramétrage en fonction des caractéristiques du mot-pôle, afin de peaufiner les résultats.

La question de recherche principale, à l'origine de notre approche de sémantique distributionnelle, était celle de savoir si le degré plus ou moins élevé d'hétérogénéité sémantique d'un mot-pôle se reflète dans la visualisation des distances entre ses cooccurrents de premier ordre. Pour le mot-pôle *trait* dans le corpus TALN, nous avons effectivement constaté que la dispersion des cooccurrents sur la visualisation en 2D correspond aux divers sens de *trait.* Aussi pour les autres mots de la sélection, nous avons pu distinguer clairement des clusters de *c* sémantiquement similaires. Pour les mots plutôt généraux, comme *méthode* et *précis*, nous avons observé des clusters syntagmatiques de *c*. Comme nous avons également trouvé des clusters syntagmatiques dans la visualisation des résultats MDS sur le corpus technique, il s'agit d'une piste méthodologique intéressante à creuser dans nos recherches futures. Affiner le modèle permettrait peut-être de voir plus clair dans les phénomènes de proximité sémantique et de proximité syntagmatique, soit par des analyses et des visualisations par classe lexicale, soit par la prise en compte des relations syntaxiques.

Les analyses MDS sur le corpus TALN nous ont également incités à procéder à des mises au point de notre approche et à des réajustements du paramétrage pour améliorer les résultats. Nous avons effectivement pu tirer des enseignements méthodologiques intéressants sur notre approche. Tout d'abord, il s'est avéré que la fréquence du mot-pôle a une influence considérable sur les paramètres, plus particulièrement sur le seuil de co-fréquence appliqué pour la matrice de cooccurrences. Plus le mot-pôle est fréquent (cf. *méthode*), plus le seuil doit être élevé. Ensuite, pour certains mots-pôles (*graphe* et *sémantique*), la suppression d'un seul cooccurrent extrêmement périphérique, qui constitue un terme ou une combinaison privilégiée avec le mot-pôle, a contribué à un meilleur résultat pour tous les autres cooccurrents et à une meilleure lisibilité de la visualisation. Finalement, il a été plus intéressant de se focaliser sur les cooccurrents d'une seule classe lexicale et ce en fonction de la classe lexicale du mot-pôle. Pour les adjectifs de la sélection de mots (*complexe* et *précis*), nous avons uniquement considéré les noms parmi les cooccurrents, ce qui a nettement amélioré les résultats. Notre approche méthodologique et les informations sémantiques extraites pourraient s'avérer utiles dans plusieurs domaines d'application, tels que la désambiguïsation ou la description lexicographique.

Dans la plupart des analyses, nous avons appliqué une fenêtre d'observation de 5 mots à gauche et à droite du mot-pôle. Elle contient suffisamment de cooccurrents sémantiquement intéressants sans introduire trop de bruit. Généralement, il est plus intéressant de considérer les cooccurrents au niveau des lemmes, puisque le niveau des formes graphiques alourdit la visualisation, souvent inutilement, avec des formes fléchies au singulier et au pluriel ou avec plusieurs formes conjuguées des verbes. Enfin, il s'est avéré que la prise en considération des indications de classe lexicale, tant pour les mots-pôles (cf. le nom *sémantique*) que pour les cooccurrents de premier, deuxième et troisième ordre, permet d'enrichir les analyses et de préciser les résultats.

Références

BERTELS A., SPEELMAN D., GEERAERTS D. (2010). La corrélation entre la spécificité et la sémantique dans un corpus spécialisé. *Revue de Sémantique et de Pragmatique* n°27, 79-102.

BERTELS A., SPEELMAN D. (2013). Exploration sémantique visuelle à partir des cooccurrences de deuxième et troisième ordre. Actes de *TALN 2013 (volume 3 Atelier SemDis 2013)*, 126-139.

BERTELS A., SPEELMAN D. (2014). Analyse exploratoire des cooccurrents de premier ordre dans un corpus technique. Actes de *JADT 2014*, (sous presse).

BORG I., GROENEN P. (2005). *Modern Multidimensional Scaling: theory and applications* (Second edition). New York : Springer-Verlag.

BOUDIN F. (2013). TALN Archives : une archive numérique francophone des articles de recherche en Traitement Automatique de la Langue. Actes de *TALN 2013 (volume 1 TALN)*, 507-514.

CHURCH K.W., HANKS P. (1990). Word association norms, mutual information, and lexicography. *Computational Linguistics* n°16(1), 22-29.

CLARKE K.R. (1993). Non-parametric multivariate analyses of change in community structure. *Australian Journal of Ecology* n°18, 117-143.

COX T.F., COX M.A.A. (2001). *Multidimensional Scaling*. Boca Raton : FL. Chapman & Hall.

DESBOIS D. (2005). Une introduction au positionnement multidimensionnel. *Modulad* n°32, 1-28.

EVERT S. (2007). *Corpora and collocations.* Extended Manuscript of Chapter 58 of Lüdeling A. et Kytö M., 2008, *Corpus Linguistics. An International Handbook.* Berlin : Mouton de Gruyter.

FERRET O. (2010) Similarité sémantique et extraction de synonymes à partir de corpus. Actes de *TALN 2010.* http://www.iro.umontreal.ca/~felipe/TALN2010/Xml/Papers/all/taln2010_submission_77.pdf. [consulté le 08/04/2014].

GREFENSTETTE G. (1994), Corpus-derived first, second and third-order word affinities. Proceedings of *Euralex '94.* Amsterdam, 279-290.

HABERT B., ILLOUZ G. FOLCH, H. (2004), Dégrouper les sens : pourquoi ? comment ? Actes de *JADT 2004,* Louvain-la-Neuve, 565–576.

HABERT B., ILLOUZ G. FOLCH, H. (2005), Des décalages de distribution aux divergences d'acception, *In* CONDAMINES A. (éd.) *Sémantique et corpus*, Paris : Hermès-Science, 277–318.

HEYLEN K., SPEELMAN D., GEERAERTS D. (2012). Looking at word meaning. An interactive visualization of Semantic Vector Spaces for Dutch synsets. Proceedings of *the EACL 2012 Joint Workshop of LINGVIS & UNCLH*, 16-24.

KRUSKAL J.B., WISH M. (1978). *Multidimensional Scaling*. Sage University Paper series on Quantitative Applications in the Social Sciences, number 07-011. Newbury Park, CA : Sage Publications.

LEMAIRE B., DENHIÈRE G. (2006). Effects of High-Order Co-occurrences on Word Semantic Similarity. *Current Psychology Letters* n°18(1). `http://cpl.revues.org/index471.html`. [consulté le 08/04/2014].

MORARDO M., VILLEMONTE DE LA CLERGERIE E. (2013). Vers un environnement de production et de validation de ressources lexicales sémantiques. Actes de *TALN 2013 (volume 3 Atelier SemDis 2013)*, 167-180.

MORLANE-HONDÈRE F. (2013). Utiliser une base distributionnelle pour filtrer un dictionnaire de synonymes. Actes de *TALN 2013 (volume 3 Atelier SemDis 2013)*, 112-125.

PEIRSMAN Y., GEERAERTS D. (2009). Predicting Strong Associations on the Basis of Corpus Data. Proceedings of *EACL-2009*, 648-656.

SAHLGREN M. (2006). *The Word-Space Model.* Ph.D. thesis. Stockholm University.

SAHLGREN M. (2008). The Distributional Hypothesis. *Rivista di Linguistica* n°20(1), 33-53.

SCHÜTZE H. (1998), Automatic Word Sense Discrimination. *Computational Linguistics* n°24(1), 97-123.

TURNEY P.D., PANTEL P. (2010). From Frequency to Meaning: Vector Space Models of Semantics. *Journal of Artificial Intelligence Research* n°37, 141-188.

URIELI A., TANGUY L. (2013). L'apport du faisceau dans l'analyse syntaxique en dépendances par transitions : études de cas avec l'analyseur *Talismane*. Actes de *TALN 2013 (volume 1 TALN)*, 188-201.

VENABLES W.N., RIPLEY B.D. (2002). *Modern Applied Statistics with S*, (Fourth edition). New York : Springer-Verlag.

WIELFAERT T., HEYLEN K., SPEELMAN D. (2013). Interactive visualizations of Semantic Vector Spaces for lexicological analysis. Actes de *TALN 2013 (volume 3 Atelier SemDis 2013)*, 154-166.

Ajuster l'analyse distributionnelle à un corpus spécialisé de petite taille

Cécile Fabre Nabil Hathout Franck Sajous Ludovic Tanguy
CLLE/ERSS, CNRS & Université de Toulouse

Résumé. L'analyse distributionnelle sur des corpus spécialisés de taille modeste constitue un objectif applicatif important pour cette famille de méthodes d'extraction des relations sémantiques. Dans ce cadre, nous cherchons à optimiser le calcul distributionnel pour traiter un corpus de 2 millions de mots composé d'articles de la conférence TALN. Notre expertise dans ce champ nous permet de constituer des données d'évaluation adaptées au corpus et à la tâche, et fait de cette configuration expérimentale un lieu idéal pour observer précisément les mécanismes distributionnels à l'œuvre. Un paramétrage précis du calcul distributionnel, depuis l'analyse syntaxique jusqu'aux mesures de proximité sémantique, met en évidence la variété des résultats obtenus, particulièrement selon les catégories grammaticales des mots cibles, et permet de dégager des combinaisons performantes en jouant sur le nombre, la nature et la qualité des contextes pris en compte dans le calcul.

Abstract. Applying distributional semantic models to medium-size specialized corpora is an important objective for the extraction of lexical and terminological ressources. In this context, we seek to optimize the distributional analysis procedure on a 2 million word corpus consisting of NLP conference proceedings. Our expertise in this field allows us to establish a relevant benchmark for the task, thus providing an ideal experimental setup to observe the distributional mechanisms at work. We test several hundred configurations, with parameters ranging from syntactic analysis to similarity measures. This study highlights the variety of the results, particularly according to the POS of the target words, and allows for the identification of the best performing configurations by varying the number, nature and type of the contexts considered.

Mots-clés : Sémantique distributionnelle, analyse syntaxique, corpus spécialisé, évaluation.

Keywords: Distributional semantics, syntactic analysis, specialized corpus, evaluation.

1 Introduction

Les programmes des grandes conférences sur le traitement automatique des langues (TAL) témoignent d'une montée en puissance des recherches sur l'analyse distributionnelle (AD), qui tend à s'imposer comme un mode de représentation et d'exploitation incontournable dans les travaux sur le lexique et la sémantique lexicale (Baroni & Lenci, 2010; Turney & Pantel, 2010). Cet article s'inscrit dans cette lignée, et propose une réponse possible à la tâche exploratoire de l'atelier SemDis 2014, organisé dans le cadre de la conférence TALN, qui sollicite la mise en œuvre de méthodes d'analyse distributionnelle sur un corpus spécialisé d'environ 2 millions de mots, composé d'articles publiés dans les actes des conférences TALN et RÉCITAL.

Cette tâche comporte potentiellement plusieurs difficultés. L'une d'elle est liée à la taille modeste du corpus TALN en comparaison de ceux qui sont habituellement utilisés pour la construction de modèles distributionnels. Par exemple, Baroni & Lenci (2010) ont construit la base DM à partir de ukWaC, un corpus de 2 milliards de mots ; Ferret (2010) considère pour sa part qu'avec 380 millions de mots, AQUAINT 2 est un corpus de taille moyenne. En comparaison, la taille du corpus TALN est de 2 à 3 ordres de magnitude inférieure. L'expérience que nous retraçons ici montre qu'il est possible d'appliquer sur un petit corpus spécialisé les méthodes et les outils généralement destinés à traiter des corpus beaucoup plus volumineux. Nous nous situons de ce fait à mi-chemin entre, d'une part, les méthodes d'extraction et de structuration de terminologie, qui opèrent sur de petits corpus spécialisés et visent la mise au jour de relations conceptuelles spécifiques, et, d'autre part, l'analyse distributionnelle qui traite des corpus de tous types, généralement volumineux, et identifie des relations de proximité sémantique au sens large. Cette démarche amorce en quelque sorte un retour aux sources de l'analyse distributionnelle harrissienne : nous appliquons la méthode distributionnelle à un corpus spécialisé de petite taille sur lequel nous réalisons un ensemble de traitements linguistiques permettant de normaliser les variations dans l'expression des «dépendances» entre les mots afin de mieux capter les régularités sémantiques qui y sont présentes.

L'application de la démarche distributionnelle au corpus TALN présente par ailleurs plusieurs avantages : nous connaissons parfaitement le domaine et nous trouvons dans des conditions optimales pour l'évaluation et l'analyse des résultats. La taille réduite du corpus nous permet aussi d'étudier plus en détails le comportement de certains des mots-cibles.

L'originalité de ce travail réside d'une part dans l'approche «pragmatique» adoptée pour constituer un référentiel sur lequel les modèles distributionnels sont évalués. Il est en effet essentiel de prendre acte de la diversité des relations sémantiques qui sous-tendent la similarité sémantique (Baroni & Lenci, 2011; Morlane-Hondère & Fabre, 2012) et de la considérer pour ce qu'elle est sans chercher à y retrouver l'inventaire des relations lexicales classiques. Une autre particularité de notre travail concerne l'attention que nous portons à la mise au point des paramètres situés en amont du calcul du similarité. En particulier, nous nous intéressons au traitement et au filtrage des sorties de l'analyseur syntaxique que nous utilisons. Notre objectif est en effet de mieux contrôler les conditions d'utilisation des contextes linguistiques, en jouant sur leur nombre, leur nature et leur fiabilité. De ce fait, si nous avons choisi de recourir à un corpus analysé syntaxiquement, plutôt qu'à un calcul de cooccurrences, c'est pour disposer ainsi d'une meilleure capacité à injecter des connaissances linguistiques dans cette phase du traitement et pour en mesurer l'impact dans les résulats du calcul distributionnel.

Plus généralement, notre effort a porté sur les paramètres de construction des modèles distributionnels. Nous en avons identifié cinq que nous avons testés de manière systématique pour trouver les meilleures configurations. Ces paramètres concernent à la fois l'utilisation des analyses syntaxiques, le filtrage des mots et des relations, leur normalisation et les calculs de similarité. Cette démarche quantitative est complétée par une analyse qualitative des modèles obtenus.

La suite de l'article est organisée comme suit. Nous présentons en section 2 les voisinages de référence que nous avons constitués pour l'évaluation des modèles distributionnels. Nous abordons ensuite en section 3 la construction de ces modèles et les différents paramètres que nous avons testés. Les résultats de ces expériences, leur évaluation et leur analyse sont l'objet de la section 4. Nous présentons enfin en section 5 une courte conclusion et quelques pistes pour des recherches futures.

2 Annotation pour l'évaluation

Le corpus que nous avons traité dans cette expérience est le corpus TALN (Boudin, 2013), fourni dans le cadre de la tâche exploratoire de l'atelier SemDis2014. Ce corpus comprend 586 articles des conférences TALN et RECITAL de 2007 à 2013. Construit par extraction du contenu textuel des articles initialement au format PDF, il compte deux millions de mots [1].

Nous avons constitué un jeu de données pour l'évaluation du programme d'analyse distributionnelle. On sait que l'évaluation des systèmes d'AD fait difficulté, car leurs résultats sont généralement confontés à des ressources externes (réseaux lexicaux et thésaurus) ou à des tâches (de jugement de synonymie, d'analogie, de proximité sémantique) qui ne permettent d'évaluer que partiellement et indirectement leur qualité, comme le rappellent (Baroni & Lenci, 2011). Le choix du corpus TALN nous a permis de nous affranchir de la nécessité de recourir à des ressources externes, et d'exercer plus directement notre jugement sémantique pour évaluer la qualité des rapprochements sémantiques effectués sur des notions qui relèvent de notre domaine d'expertise.

Nous avons constitué une liste de 15 mots-cibles, en prenant pour point de départ les mots proposés dans le descriptif de la tâche, soit 1 verbe (*calculer*), 2 adjectifs (*précis*, *complexe*) et 5 noms (*fréquence*, *graphe*, *méthode*, *sémantique*, *trait*), que nous avons complétés pour obtenir un ensemble de mots de même effectif selon les 3 catégories, soit 4 verbes et 3 adjectifs de fréquence comparable à celle des mots de la liste initiale. Il s'agit de mots courants dans le corpus : la fréquence moyenne est de 628 occurrences, le mot le moins fréquent, *spécialisé*, a 210 occurrences dans le corpus. La liste de mots-cibles est présentée dans la première colonne du tableau 1.

Nous avons ensuite constitué la liste des meilleurs voisins de chacun de ces 15 mots-cibles. Sur le principe de la *pooling method* pratiquée pour l'évaluation des systèmes de recherche d'information, cette liste a été établie à partir de l'examen d'un sous-ensemble des mots du corpus, correspondant à l'ensemble maximal des voisins distributionnels produits par la méthode que nous présentons dans la section suivante : nous avons réglé au plus bas tous les seuils que nous faisons varier dans l'expérience, de manière à produire la liste la plus large de voisins. Chaque annotateur (chacun des 4 auteurs

1. Le corpus TALN au format texte est disponible à l'adresse : `http://redac.univ-tlse2.fr/corpus/taln/`

Mot-cible	**Accord**	**Exemples** (nb annotateurs)
		adjectifs
complexe	0,58	*compliqué* (4), *composé* (3), *simple*
correct	0,55	*bon* (4), *pertinent* (4), *valide* (4)
important	0,65	*grand* (4), *majeur* (4), *principal* (4)
précis	0,72	*détaillé* (4), *exhaustif* (4), *fin* (3)
spécialisé	0,73	*juridique* (4), *médical* (4), *spécifique* (3)
		noms
fréquence	0,58	*nombre* (4), *poids* (4), *probabilité* (4)
graphe	0,55	*réseau* (4), *structure* (4), *treillis* (4)
méthode	0,75	*algorithme* (4), *approche* (4), *procédure* (3)
trait	0,57	*attribut* (4), *caractéristique* (3), *propriété* (3)
sémantique	0,40	*définition* (4), *contenu* (3), *sens* (3)
		verbes
annoter	0,50	*classer* (4), *étiqueter* (4), *baliser* (3)
calculer	0,47	*construire* (4), *estimer* (4), *évaluer* (4)
décrire	0,57	*détailler* (4), *présenter* (4), *représenter* (4)
évaluer	0,65	*mesurer* (4), *tester* (4), *valider* (4)
extraire	0,58	*acquérir* (4), *identifier* (3), *sélectionner* (3)

TABLE 1: F-mesure de l'accord inter-annotateurs par mot-cible et exemples de voisins sélectionnés

de cet article) avait pour tâche de sélectionner, parmi la liste des voisins distributionnels de chacun des 15 mots-cibles, 10 mots qu'il considérait comme les plus proches sémantiquement de la cible. Nous avons ensuite fait l'union des propositions des 4 annotateurs, en conservant l'information relative au nombre d'annotateurs ayant choisi le mot. La tâche présentait potentiellement deux difficultés susceptibles d'affecter le taux d'accord. Tout d'abord, la consigne était large et ne réduisait pas le jugement de proximité sémantique au repérage de relations lexicales spécifiques, telles la synonymie ou l'hyperonymie. Par ailleurs, la contrainte visant à constituer un ensemble contenant précisément 10 mots pour chaque cible était forte, dans la mesure où elle amenait à exclure certains voisins pertinents, ou à l'inverse (comme pour les mots *sémantique* ou *spécialisé* qui ont peu de très bons voisins) à conserver des mots qui présentaient une proximité sémantique plus faible avec la cible. Malgré ces caractéristiques de la tâche, nous obtenons un score de F-mesure moyen de 0,59. Le tableau 1 montre les variations de ce score selon les mots, l'accord maximum étant obtenu pour certains adjectifs, alors qu'un mot comme *sémantique* donne lieu à un éparpillement plus important des réponses.

Le tableau 1 fournit également pour chaque mot-cible 3 exemples de voisins souvent sélectionnés. On peut constater qu'il s'agit majoritairement de synonymes, mais on trouve aussi des termes plus génériques ou plus spécifiques (*graphe / structure*, *juridique / spécialisé*), des antonymes (*complexe / simple*), ou des voisins correspondant à une relation sémantique plus lâche (*sémantique / contenu*). Ces exemples illustrent bien la spécificité des notions employées dans les textes, et par conséquent celle des relations de sens qui s'établissent entre elles. Ainsi, les relations de proximité sémantique entre *fréquence* et *poids*, ou entre *extraire* et *identifier* sont évidentes pour les 4 annotateurs dans le champ considéré, mais elles perdraient de leur pertinence si l'on considérait un autre domaine conceptuel.

3 Méthode

L'analyse distributionnelle consiste à établir une relation de proximité sémantique entre des unités qui apparaissent fréquemment dans les mêmes contextes. Les méthodes d'analyse automatique diffèrent essentiellement par ce que l'on entend par « contexte » et par la manière de mesurer la similitude des contextes d'apparition des unités considérées.

On distingue les approches qui consistent à représenter chaque occurrence d'un mot en corpus par ses cooccurrents graphiques dans une fenêtre donnée, et celles qui représentent le contexte de chaque mot par l'ensemble de ses cooccurrents syntaxiques. La première approche est relativement simple à mettre en œuvre et la seconde, conditionnée par la disponibilité d'un analyseur syntaxique, se révèle plus coûteuse en temps de calcul. Même s'il serait intéressant d'évaluer leurs performances respectives dans le cadre de cette expérience, nous avons fait le choix de ne pas intégrer ce paramètre dans notre étude, en optant pour une méthode basée sur des contextes syntaxiques. Le corpus TALN est traité avec Talismane

(Urieli & Tanguy, 2013), qui produit une analyse syntaxique en dépendances [2]. Ce choix est avant tout motivé par le fait que la phase d'analyse syntaxique nous offre une meilleure marge de manœuvre pour spécifier les caractéristiques linguistiques des contextes qui entrent dans le calcul.

Nous décrivons dans les sections 3.1 à 3.5 les différentes étapes du processus d'analyse distributionnelle mis en œuvre dans cette étude en détaillant pour chacune d'elles les facteurs qui entrent en jeu, puis récapitulons en section 3.6 la liste de ces paramètres. La combinaison des différentes valeurs de ces paramètres donne lieu à 720 configurations que nous évaluons en section 4.

3.1 Extraction de triplets syntaxiques

L'analyseur Talismane produit des sorties au format CoNLL. Il indique notamment pour chaque token son lemme, sa catégorie syntaxique, son gouverneur, et le type de relation qui lie ce dernier au token considéré (son dépendant). La première étape de l'analyse distributionnelle consiste, à partir des relations de dépendance, à extraire des triplets syntaxiques de la forme `<gouverneur; relation; dépendant>`. Les relations considérées en première instance sont les suivantes :

- relations sujet (*suj*) ou objet (*obj*) entre un nom (dépendant) et un verbe (gouverneur) ;
- relation modifieur (*mod*) entre un adjectif ou un nom (dépendant) et un autre nom (gouverneur) ;
- relation attribut du sujet (*ats*) entre un adjectif (dépendant) et un nom (gouverneur) ;
- relation préposition (*prép*) dans les constructions de type N-prép-N (ex : *corpus d'apprentissage*), N-prép-V (ex : *phrase à traduire*), V-prép-N (ex : *reposer sur une hypothèse*) et V-prép-V (ex : *choisir d'utiliser*).

Les relations *suj*, *obj* et *mod* correspondent à des dépendances directement fournies par Talismane. Il faut en revanche suivre deux dépendances pour établir les relations *ats* et *prép* en cheminant respectivement par le verbe attributif et la préposition. Cette étape d'extraction fait intervenir un premier paramètre : le seuil sur le score de confiance des dépendances syntaxiques. En tant qu'analyseur probabiliste, Talismane peut produire le score de probabilité de chaque décision prise, et donner ainsi une indication de la confiance à accorder à chaque relation de dépendance. Il a été montré qu'en ne considérant que les relations pour lesquelles le score de confiance est haut, on atteignait des scores de précision plus élevés, au détriment du nombre de relations identifiées (Urieli, 2013, p. 144). Nous avons donc décidé de faire intervenir ce paramètre en envisageant six seuils sur le score de confiance : 0% (toutes les relations de dépendance sont conservées), 70%, 80%, 90%, 95% et 98%. Le nombre de triplets différents extraits passe d'environ 400 000 à 170 000 lorsque l'on fait varier le seuil de 0% à 98%.

3.2 Normalisation et filtrage des triplets syntaxiques

Le second paramètre concerne la normalisation des relations de dépendance : soit les relations extraites à partir des dépendances syntaxiques sont utilisées telles quelles (c'est-à-dire telles que décrites en section 3.1), soit une série d'opérations de transformation de ces relations est effectuée [3] :

1. distribution des relations sur les éléments coordonnés, en position de dépendants ou de gouverneurs.
   Nous illustrons cette première normalisation sur la figure 1. Dans l'extrait 1a, la normalisation permet d'ajouter le triplet `<phrase; mod; correct>` au triplet initial `<phrase; mod; simple>`. Cette normalisation porte sur les coordonnés en position de dépendants syntaxiques. L'extrait 1c illustre un cas où les coordonnés se trouvent en position de gouverneurs : la normalisation permet d'extraire le triplet `<inclure; suj; trait>` en plus de `<reprendre; suj; trait>`.
2. récupération de l'antécédent des pronoms relatifs sujet ou objet.
3. ajout de la relation de coordination (*coord*) à la liste des relations énumérées en 3.1. Cette nouvelle relation permet de construire dans l'exemple 1a le triplet `<simple; coord; correct>` et dans l'exemple 1d le triplet `<apprentissage; coord; méthode>`.
4. transformation de la relation *suj* en *obj* lorsque le gouverneur de cette relation est un passif (cf. figure 2).
5. conversion de la relation *ats* en *mod*.

---

2. Talismane est librement disponible à l'adresse `http://redac.univ-tlse2.fr/applications/talismane.html`
La précision globale du parseur Talismane, pour la configuration utilisée (SVM linéaire, faisceau de largeur 5 avec propagation) est estimée sur des corpus de test à près de 90% pour l'ensemble des dépendances (attachement et labellisation).

3. Nous nous inspirons de l'expérience acquise lors de la construction de bases distributionnelles avec l'outil Upery (Fabre & Bourigault, 2006).

6. regroupement des relations *prép*. L'extraction par défaut produit, à partir des syntagmes *méthode d'apprentissage* et *méthode pour l'apprentissage* les triplets `<méthode; prép_de; apprentissage>` et `<méthode; prép_pour; apprentissage>`. L'extraction « normalisée » omet la préposition à l'origine de la relation et produit, à partir des deux syntagmes précédents, l'unique triplet `<méthode; prép; apprentissage>` (avec une fréquence de 2).

Les opérations 1 à 4 sont de nature à produire davantage de triplets syntaxiques, en établissant des relations qui ne sont pas explicitement fournies par l'analyseur. Les opérations 5 et 6 quant à elles rassemblent une information potentiellement dispersée. Par exemple, dans les extraits *« ce mode d'évaluation sous-estime une* ***réalité*** *linguistique* ***complexe*** *»* et *« le* ***jugement*** *par les humains devient alors encore plus* ***complexe*** *»*, il semble peu pertinent de considérer que la nature de la relation qu'entretiennent *réalité* et *complexe* est différente de celle qu'entretiennent *jugement* et *complexe*.
Le bénéfice que l'on peut espérer tirer de la normalisation de la relation *prép* va moins de soi. On sait en effet que la sémantique de chaque préposition a un rôle à jouer dans la représentation distributionnelle de certains mots-cibles (par exemple, pour la construction de certaines classes de noms), et que la génération de triplets différents pour chaque préposition peut empêcher des regroupements abusifs. Néanmoins, notre hypothèse est que la distinction des prépositions peut entraîner une dispersion de l'information lorsque l'on traite une faible masse de données, en empêchant l'établissement de liens de voisinage pertinents. Si une étude plus détaillée serait nécessaire pour estimer dans quelle mesure le regroupement des relations *prép* est souhaitable, celui-ci a clairement un impact dès lors que l'on augmente la valeur de certains seuils comme le nombre d'occurrences des triplets, ou le nombre de contextes syntaxiques partagés par deux voisins (cf. section 3.5).

Les triplets syntaxiques produits, avec ou sans normalisations, sont filtrés sur leur fréquence. Le seuil de ce filtrage (fixé à deux ou cinq occurrences minimum dans le corpus) constitue le troisième paramètre de notre processus d'analyse.

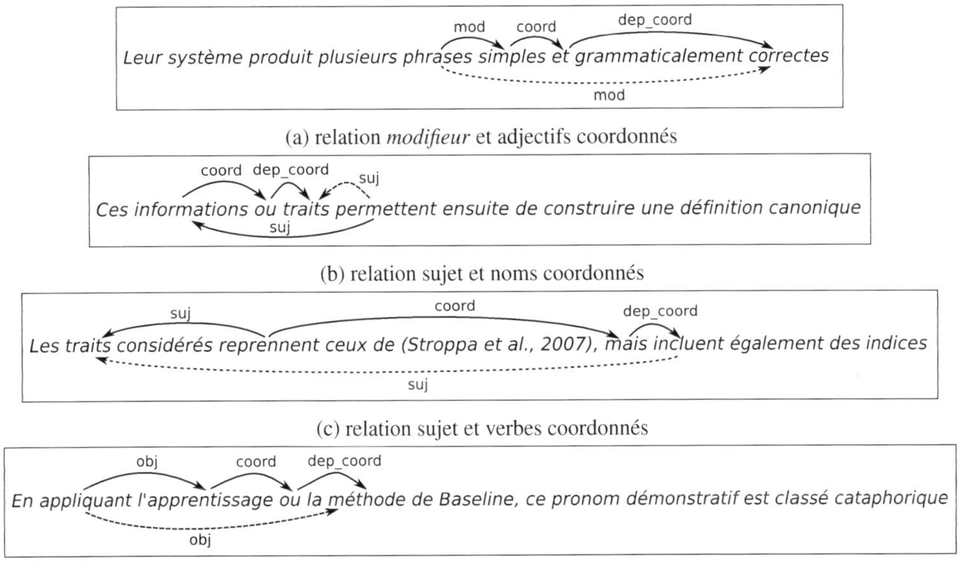

(a) relation *modifieur* et adjectifs coordonnés

(b) relation sujet et noms coordonnés

(c) relation sujet et verbes coordonnés

(d) relation objet et noms coordonnés

FIGURE 1: Normalisation des dépendances sur les gouverneurs et les dépendants coordonnés

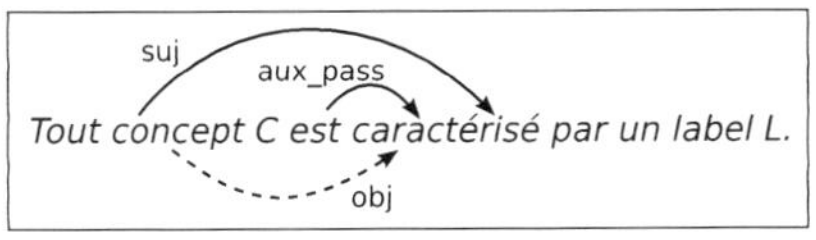

FIGURE 2: Normalisation de la relation sujet avec un gouverneur passif

3.3 Association entre mots-cibles et contextes syntaxiques

Chaque triplet `<gouv; rel; dép>` issu des étapes décrites en sections 3.1 et 3.2 donne lieu à deux associations entre un mot-cible et un contexte syntaxique : le lemme `gouv` (resp. `dép`) est associé au contexte `<rel; dép>` (resp. `<gouv; rel>`).

Par exemple, à partir du triplet `<N:phrase; mod; ADJ:simple>`, on retient que la cible `N:phrase` apparaît avec le contexte syntaxique `<mod; ADJ:simple>` et que `ADJ:simple` apparaît avec le contexte `<N:phrase; mod>`. Chaque mot-cible peut alors être représenté par un vecteur de contextes syntaxiques dont les coordonnées sont une pondération attribuée au couple mot-cible/contexte. Les pondérations testées sont deux mesures d'association habituellement utilisées en analyse distributionnelle : l'information mutuelle (IM) et le t-score (cf. fig. 3). Ces mesures, en relativisant la fréquence d'un couple mot/contexte par rapport à la fréquence du mot et à celle du contexte, reflètent la spécificité de chaque contexte pour la cible considérée. Si un mot apparaît fréquemment dans un contexte donné, mais que ce mot apparaît également très fréquemment avec d'autres contextes et que, de plus, le contexte considéré apparaît très fréquemment avec d'autres mots, la mesure d'association sera faible.

$$IM(l,c) = log_2\left(\frac{N \times f(l,c)}{f(l)f(c)}\right)$$

(a) Information mutuelle

$$t\text{-}score(l,c) = \frac{f(l,c) - \frac{f(l)f(c)}{N}}{\sqrt{f(l,c)}}$$

(b) t-score

$f(l)$: nombre d'occurrences du lemme l
$f(c)$: nombre d'occurrences du contexte syntaxique c
$f(l,c)$: nombre de cooccurrences de l et c
N : nombre total d'occurrences de tous les triplets

FIGURE 3: Mesures d'association utilisées pour la pondération des contextes syntaxiques

3.4 Calculs de similarité

Pour une paire de mots-cibles donnée, deux mesures de similarité (notées *cosIM* et *cosTS*) sont obtenues en calculant le cosinus de leurs vecteurs de contextes. Nous testons également le Jaccard, qui n'est pas basé sur la fréquence d'apparition des lemmes et des triplets syntaxiques, mais sur la *productivité* des lemmes (*i.e.* le nombre de contextes *différents* avec lesquels un lemme apparaît). Le détail de ces mesures est donné en figure 4.

$$cos(l_1, l_2) = \frac{\sum_i p_{1i} p_{2i}}{\sqrt{\sum_i {p_{1i}}^2 \sum_i {p_{2i}}^2}}$$

(a) Cosinus

$$jacc(l_1, l_2) = \frac{|C(l_1) \cap C(l_2)|}{|C(l_1) \cup C(l_2)|}$$

(b) Jaccard

p_{ji} : pondération (IM ou t-score) du contexte i pour le lemme l_j
$C(l_i)$: ensemble des contextes dans lesquels le lemme l_i apparaît

FIGURE 4: Mesures de similarité utilisées pour le calcul de voisinage

3.5 Filtrage sur le nombre de contextes syntaxiques partagés

Pour un mot-cible donné, ses voisins sont donc ordonnés par une des trois mesures de similarité présentées ci-dessus (*cosIM*, *cosTS*, *Jaccard*). La dernière étape consiste à filtrer les couples partageant trop peu de contextes syntaxiques. En effet, des contextes marginaux tendent à rapprocher des paires de mots non pertinentes pour l'établissement d'une relation de voisinage. Par exemple, *contraception* arrive au 3e rang des voisins du nom *sémantique* (après *optimalité* et *outillage*), alors que *syntaxe* apparaît seulement au 26e rang. Le rapprochement de *sémantique* et *contraception* est dû à leur unique contexte commun `<question; prép(_de)>` : *contraception* apparaît deux fois dans le corpus (comme exemple d'alignement de textes français-japonais), et uniquement avec ce contexte. L'information mutuelle et le t-score entre *contraception* et son unique contexte `<question; prép(_de)>` sont donc très élevés. En imposant au moins deux contextes syntaxiques partagés, le mot *contraception*, comme d'autres, n'est plus considéré comme voisin de *sémantique* et *syntaxe* remonte en 8e position. Nous avons testé des configurations avec un seuil variant de 1 à 10 contextes partagés.

3.6 Paramètres et configurations obtenues

Le tableau 3 récapitule les paramètres que nous faisons varier pour construire les différentes bases de voisins. Selon les combinaisons de paramètres, le nombre de lemmes ayant des voisins varie de 10 963 (1,4 million de couples) pour les configurations `0_norm_2_*_1` (pas de filtrage sur le score de confiance des dépendances, normalisation des relations, fréquence minimale de 2 triplets, et pas de seuil sur le nombre de contextes partagés, quelle que soit la mesure de similarité choisie) à 279 (3 638 couples) pour les configurations `98_norm_5_*_10` faisant intervenir les filtres les plus sévères.

Paramètre	nb valeurs	valeurs
seuil sur le score de confiance des dépendances syntaxiques	6	{0, 70, 80, 90, 95, 98}
normalisation des relations	2	avec ou sans : {norm, nonorm}
seuil sur le nombre d'occurrences des triplets	2	{2, 5}
mesure de similarité	3	{cosIM, cosTS, Jaccard}
seuil sur le nombre de contextes partagés	10	[1-10]

TABLE 2: Paramètres de calcul des voisins

4 Analyse des résultats

Nous avons effectué une extraction des 20 premiers voisins distributionnels pour chacun des 15 mots-cibles présentés en section 2 et pour les 720 configurations différentes envisagées pour la méthode. La première analyse de ces données vise à examiner le rôle des différents paramètres, en cherchant à mesurer l'impact de chacun d'eux sur les résultats et à dégager les configurations optimales au vu de l'annotation manuelle. La seconde série d'observations concerne le fonctionnement détaillé de ces configurations optimales pour les différents mots et les catégories grammaticales, afin de mieux appréhender les mécanismes distributionnels à l'œuvre dans ce corpus spécialisé.

4.1 Méthode de comparaison

Afin de comparer les différentes configurations, nous devons prendre en compte pour chacune, et pour chaque mot-cible :

- l'ordre dans lequel les voisins sont classés, en suivant la mesure de similarité de cette configuration (rang, de 1 à 20) ;
- le nombre d'annotateurs qui ont choisi ce mot comme étant un voisin pertinent du mot-cible (pertinence, notée de 0 à 4).

Nous nous trouvons donc dans une situation similaire à celle de la comparaison de systèmes de recherche d'information pour lesquels le jugement de pertinence des réponses est mesuré sur une échelle. Les mesures classiques de rappel et de précision ne considèrent qu'un jugement binaire et sont ainsi moins bien adaptées à notre cas. Nous avons donc utilisé la mesure du *Normalised Discounted Cumulated Gain* ou $nDCG$ (Järvelin & Kekäläinen, 2002). Cette mesure est obtenue en additionnant le score de pertinence des mots renvoyés par le système, mais en pénalisant les résultats les plus éloignés dans la liste en divisant ce score de pertinence par le logarithme du rang de chaque mot. Autrement dit, pour obtenir un haut score pour cette mesure, le système doit renvoyer en premier les voisins déclarés pertinents par le plus grand nombre d'annotateurs.

Le détail de cette mesure est plus précisément :

$$nDCG = \frac{DCG}{DCGI}$$

où

$$DCG = \sum_{i=1}^{20} annot_i / log_2(i+1)$$

$annot_i$ étant le nombre d'annotateurs qui ont sélectionné comme un bon voisin du mot cible le voisin numéro i renvoyé par le système.

$DCGI$ est la valeur maximale de DCG, obtenue par un système qui renverrait tous les mots dans l'ordre décroissant de pertinence. Cette normalisation permet ainsi d'obtenir des valeurs comparables pour des mots dont le nombre de voisins pertinents varie (comme c'est notre cas), et comprises entre 0 et 1 comme les autres mesures classiques d'évaluation en RI[4]. Nous avons donc pu sur cette base calculer des scores moyens de $nDCG$ à travers les différents mots-cibles.

4. Nous avons aussi calculé les scores de précision, rappel et F-mesure à différents points dans les listes de résultats, donc sans prendre en compte le nombre d'annotateurs pour définir la pertinence d'un voisin distributionnel. Les conclusions présentées par la suite restent globalement valables également pour ces différents scores.

4.2 Impact des différents paramètres

Dans un premier temps, nous avons cherché à identifier le rôle global de chacun des paramètres sélectionnés (voir tableau 3). Pour ce faire, nous avons mesuré le score de $nDCG$ pour chaque valeur de paramètre, en faisant une double moyenne : sur les 15 mots-cibles et sur l'ensemble des configurations concernées par cette valeur. Le tableau 3 donne la valeur moyenne, la valeur maximale et l'écart-type du $nDCG$.

Paramètre	Moyenne	Max	Écart-type
Score global	0,446	0,917	0,234
Score de confiance			
0%	**0,473**	0,917	0,233
70%	0,466	0,916	0,228
80%	0,464	0,901	0,231
90%	0,453	0,893	0,231
95%	0,428	0,898	0,230
98%	0,391	0,891	0,239
Normalisation			
Avec	**0,448**	0,905	0,234
Sans	0,443	0,917	0,233
Seuil de fréquence des triplets			
2	**0,500**	0,891	0,211
5	0,391	0,917	0,242

Paramètre	Moyenne	Max	Écart-type
Mesure de similarité			
Cosinus IM	**0,521**	0,872	0,245
Cosinus t-score	0,389	0,917	0,233
Jaccard	0,427	0,792	0,202
Seuil sur les contextes partagés			
1	0,385	0,871	0,251
2	0,438	0,876	0,216
3	0,466	0,889	0,204
4	**0,474**	0,891	0,206
5	0,467	0,898	0,224
6	0,464	0,905	0,232
7	0,456	0,905	0,238
8	0,448	0,916	0,245
9	0,434	0,917	0,250
10	0,426	0,917	0,251

TABLE 3: Scores $nDCG$ moyens et maximaux pour chaque valeur des paramètres

La première ligne du tableau donne la valeur moyenne sur l'ensemble des 720 configurations, et sert de référentiel pour chaque paramètre. Les conclusions suivantes peuvent être tirées pour chaque paramètre pris individuellement (la valeur moyenne la plus élevée a été indiquée en gras dans le tableau) :

- score de confiance : le score de $nDCG$ diminue de façon monotone avec ce seuil, il semble donc préférable de ne pas filtrer les triplets en fonction de la confiance estimée par l'analyseur syntaxique ;
- normalisation : la normalisation des triplets syntaxiques extraits apporte un léger gain par rapport à l'utilisation des contextes « bruts » ;
- seuil de fréquence des triplets : l'augmentation de ce seuil de 2 à 5 fait baisser sensiblement la performance globale du système ;
- mesure de similarité : c'est la similarité cosinus basée sur les scores d'information mutuelle qui donne les meilleurs résultats, suivie d'assez loin par le Jaccard. Le cosinus sur les t-scores donne globalement de très mauvais résultats, mais les valeurs maximales atteintes sont étonnamment supérieures aux autres méthodes ;
- seuil sur les contextes partagés : un minimum de 4 contextes syntaxiques différents est la valeur optimale à ce stade.

Bien évidemment, les différents paramètres ne sont pas indépendants, et la configuration optimale n'est pas nécessairement celle qui correspond à la combinaison des valeurs identifiées précédemment. De fait, sur l'ensemble des 15 mots, le paramétrage optimal (avec un $nDCG$ moyen de 0,659) est : `0_norm_2_cosIM_3`. C'est-à-dire : pas de filtrage sur les relations de dépendance, normalisation des contextes, élimination des triplets ayant une fréquence inférieure à 2, tri par similarité cosinus sur les valeurs d'information mutuelle, élimination des voisins ayant moins de 3 contextes syntaxiques partagés avec la cible.

4.3 Variation par catégorie du mot-cible

Nous allons maintenant nous pencher sur les variations entre les trois catégories grammaticales possibles pour les mots-cibles (nom, verbe et adjectif). La table 4 donne les valeurs maximales et moyennes sur l'ensemble des 720 configurations envisagées pour chaque catégorie.

On peut voir que les scores sont assez proches pour les noms et les verbes. Les adjectifs, quant à eux, semblent nettement plus difficiles à traiter et ont un score moyen largement inférieur.

nDCG	Adjectifs	Noms	Verbes	Toutes catégories
Maximum	0,827	0,917	0,872	0,917
Moyenne	0,311	0,533	0,493	0,446
Écart-type	0,212	0,221	0,206	0,234

TABLE 4: Valeurs du *nDCG* pour les 720 configurations envisagées

En calculant, pour chacune des configurations, le score *nDCG* sur les 5 mots de chaque catégorie, il est possible d'identifier le paramétrage optimal pour cette catégorie.

Pour les **verbes**, le meilleur système est : `0_norm_2_cosIM_3`. Il s'agit du système qui a obtenu les meilleures performances globales.

Pour les **noms**, le meilleur système est : `80_norm_2_cosIM_7`. Il semble donc préférable pour les noms de restreindre les données exploitées par la méthode, tant sur la confiance de l'analyseur syntaxique (minimum de 80%, ce qui correspond globalement à rejeter 10% des dépendances syntaxiques) que sur le nombre de contextes partagés par les voisins (7 contextes différents au moins). Une hypothèse à ce stade pourrait être que les noms sont impliqués dans une plus grande variété de contextes syntaxiques, qu'il devient alors nécessaire de filtrer pour faire émerger les voisins les plus pertinents.

Pour les **adjectifs**, le meilleur système est : `0_norm_2_cosIM_1`. Autrement dit, la principale différence avec le meilleur système global est de ne pas exiger un nombre minimal de contextes partagés pour les adjectifs. Là encore, on peut expliquer cette différence par la faible variété de contextes syntaxiques des adjectifs : on les trouve principalement en relation de modifieur et éventuellement en coordination avec d'autres adjectifs. De ce fait, le filtrage des contextes semble trop pénalisant.

4.4 Variation par mot-cible

Si l'on regarde le comportement pour chaque mot-cible, on peut voir dans la table 5 les scores maximum et moyens (sur les 720 configurations envisagées). Nous avons également reproduit les scores de F-mesure de l'accord inter-annotateurs du tableau 1 (voir section 2).

Mot-cible	**Maximum**	**Moyenne**	**Accord**
complexe	0,620	0,194	0,58
correct	0,773	0,343	0,55
important	0,827	0,527	0,65
précis	0,748	0,285	0,72
spécialisé	0,454	0,208	0,73
Tous les adjectifs	0,591	0,311	0,65
fréquence	0,776	0,587	0,58
graphe	0,760	0,547	0,55
méthode	0,917	0,729	0,75
trait	0,802	0,565	0,57
sémantique	0,649	0,237	0,40
Tous les noms	0,733	0,533	0,57
annoter	0,607	0,355	0,50
calculer	0,815	0,545	0,47
décrire	0,816	0,504	0,57
évaluer	0,872	0,677	0,65
extraire	0,793	0,383	0,58
Tous les verbes	0,761	0,493	0,55

TABLE 5: Comparaison des scores *nDCG* et de l'accord inter-annotateurs par mot et par catégorie

Il apparaît que les scores ne sont pas corrélés, autrement dit que les mots qui semblent aisément analysables par les humains ne sont pas ceux pour lesquels les systèmes obtiennent de bons scores. Le coefficient de corrélation entre les $nDCG$ maximum et l'accord inter-annotateurs est nul, et il est très faiblement positif ($r = 0,13$) lorsque l'on considère le $nDCG$ moyen. Cette constatation est assez surprenante, et on aurait attendu une liaison positive forte.

Il se trouve que cette liaison existe pour les noms ($r = 0,96$), est moins marquée pour les verbes ($r = 0,47$) mais est même négative pour les adjectifs ($r = -0,24$). On voit donc bien ici que c'est le comportement des adjectifs qui est le plus contre-intuitif : s'il s'agit de la catégorie la plus « facile » pour l'annotation humaine, nous avons vu que c'est celle qui a posé le plus de problèmes aux systèmes. Ces constatations, ainsi que le faible nombre d'individus envisagés nous amènent à recourir à un examen qualitatif des résultats de l'analyse distributionnelle.

4.5 Étude détaillée de quelques résultats

Nous allons ici examiner plus en détails les résultats obtenus pour quelques mots parmi ceux étudiés. Plus précisément, nous allons examiner deux noms (*méthode* et *sémantique*) et deux adjectifs (*complexe* et *spécialisé*).

4.5.1 De la *méthode* avant tout, la *sémantique* finira bien par émerger

Nous présentons ici les résultats du meilleur système global (configuration `0_norm_2_cosIM_3`) pour les deux noms *méthode* (table 6) et *sémantique* (table 7). Nous avons indiqué pour chacun d'eux les 20 premiers voisins renvoyés par le système, et leur score de pertinence résultant de l'annotation manuelle.

Rang	Mot	Pertinence
1	approche	4
2	technique	4
3	système	1
4	algorithme	4
5	stratégie	4
6	modèle	1
7	outil	1
8	méthodologie	4
9	processus	3
10	module	0
11	procédure	4
12	mesure	0
13	étape	1
14	analyseur	0
15	classifieur	1
16	règle	1
17	ressource	0
18	travail	0
19	critère	0
20	résultat	0

TABLE 6: Résultats de la meilleure configuration globale pour le nom *méthode* ($nDCG = 0,89$)

Rang	Mot	Pertinence
1	propriété	0
2	signification	2
3	ambiguïté	1
4	nature	1
5	polysémie	0
6	syntaxe	3
7	aspect	0
8	définition	4
9	idée	0
10	diversité	0
11	notion	3
12	comportement	0
13	représentation	2
14	diacritique	0
15	caractéristique	1
16	distribution	1
17	délimitation	0
18	fermeture	0
19	structure	0
20	spécificité	1

TABLE 7: Résultats de la meilleure configuration globale pour le nom *sémantique* ($nDCG = 0,30$)

Méthode. Comme on peut le voir dans la table 6, les voisins pertinents de *méthode* ont pratiquement tous été retrouvés (il ne manque qu'*heuristique* et *stratégie* parmi ceux qui ont été sélectionnés par deux annotateurs ou plus) et sont placés dans le haut de la liste. De plus, certains des résultats déclarés non pertinents sont tout de même acceptables (*module, mesure, analyseur*).

Les principaux contextes syntaxiques de *méthode* dans le corpus sont `<proposer; obj>`, `<permettre; suj>`, `<présenter; obj>` et `<prep(de); apprentissage>`. On voit bien à la fois la variété des relations syntaxiques impliquées et l'unité sémantique (il s'agit bien ici des méthodes de TAL que les articles du corpus présentent, un grand nombre d'entre elles étant des méthodes d'apprentissage).

Sémantique. Pour le nom *sémantique* (table 7), les résultats sont moins probants, et la délimitation est floue pour chaque voisin envisagé. Plusieurs voisins fortement pertinents manquent à l'appel : *contenu*, *sens*, *connaissance* et *valeur*. Par contre, la pertinence des voisins renvoyés en haut de liste est difficile à interpréter (*propriété*, *polysémie*, *aspect*, *idée*, *diversité*, etc.). Cette difficulté à cerner la zone de sens autour de *sémantique* avait bien été perçue lors de la phase d'annotation, comme le montre le faible taux d'accord et les commentaires des annotateurs.

Les contextes syntaxiques de *sémantique* sont par exemple : `<mod; lexical>`, `<mod; compositionnel>`, `<prep(de); Montague>`, `<prep(de); mot>`, `<prep(de); phrase>`, `<prep(de); texte>`. On constate une moins grande variété syntaxique que pour *méthode* (très peu de contextes verbaux notamment) mais surtout une plus grande dispersion.

4.5.2 Le problème des adjectifs : une tâche *complexe*, même pour un corpus *spécialisé*

Comme on l'a vu dans les résultats globaux, le cas des adjectifs est très différent de celui des noms et des verbes : malgré un accord inter-annotateurs très élevé, les différentes configurations peinent à faire émerger les voisins déclarés pertinents. De plus, au sein des adjectifs, il ne semble pas y avoir de lien entre leur traitement par les annotateurs et par les approches distributionnelles. Nous allons voir plus en détails les résultats concernant les adjectifs *complexe* et *spécialisé*, produits par la même configuration que précédemment.

Rang	Mot	Pertinence
1	distinct	0
2	fastidieux	0
3	multimots	2
4	particulier	0
5	simple	3
6	composé	3
7	incomplet	0
8	typique	0
9	long	0
10	considéré	0
11	trivial	3
12	extrait	0
13	délicat	4
14	monosémique	0
15	spécifique	1
16	compliqué	4
17	classique	0
18	coûteux	3
19	fondamental	0
20	visé	0

TABLE 8: Résultats de la meilleure configuration globale pour l'adjectif *complexe* ($nDCG = 0,38$)

Rang	Mot	Pertinence
1	cible	0
2	biomédical	4
3	généraliste	3
4	juridique	4
5	considéré	0
6	multilingue	0
7	analysé	0
8	médical	4
9	anglais	0
10	bilingue	0
11	technique	4
12	structuré	0
13	monolingue	0
14	volumineux	0
15	japonais	0
16	orthographié	0
17	existant	0
18	annoté	0
19	vietnamien	0
20	source	0

TABLE 9: Résultats de la meilleure configuration globale pour l'adjectif *spécialisé* ($nDCG = 0,39$)

Complexe. Pour l'adjectif *Complexe* (table 8), plusieurs voisins pertinents manquent à l'appel : *difficile*, *élémentaire*, *dérivé*.

Plusieurs des adjectifs non pertinents sont d'une nature particulière : ils n'expriment pas une propriété caractéristique du référent, en d'autres termes ce ne sont pas des adjectifs qualificatifs typiques. C'est le cas d'adjectifs comme *distinct*, *particulier*, *visé*, *considéré*, qui sont généralement utilisés sur le plan rhétorique, pour structurer le discours ("deux X distincts", "ce X particulier", etc.). De fait, les contextes qu'ils partagent avec *complexe* correspondent à des noms exprimant des notions très générales : *problème, format, besoin, genre, tâche, modèle, configuration, phénomène*, etc. On a donc affaire à des adjectifs qui peuvent modifier une très large gamme de noms, ce qui peut expliquer le décalage par rapport à l'annotation humaine, focalisée sur des emplois plus spécifiques de l'adjectif (complexité des traitements et des résultats). À l'inverse, l'observation des contextes de *complexe* dans le corpus montre la prédominance du nom *terme* (127 occurrences de *terme complexe*). C'est ce contexte et ses quelques variantes sémantiques (*mot, phrase, morphologie*) qui ont permis de faire émerger des voisins plus spécifiques comme *multimots* et *composé*.

Spécialisé. Pour l'adjectif *spécialisé* (table 9), les principaux voisins manquants sont : *spécifique, général, générique, quelconque* et *savant*.

Les principaux contextes sur lesquels s'appuient les voisins distributionnels sont des noms correspondant aux différents types de données langagières : *langue, terme, document, domaine, texte, corpus, discours, lexique*. Mais malgré cette homogénéité les adjectifs renvoyés correspondent à des qualifications très disparates de ces données (*cible, multilingue, anglais, structuré*, etc.) qui ont apparemment « noyé » les voisins les plus pertinents. Les adjectifs sous-spécifiés sont moins nombreux que pour l'adjectif *complexe* : seuls *considéré* et *existant* semblent avoir ce statut.

4.6 Premier bilan

On a donc pu voir dans ces différentes analyses que la complexité des mécanismes distributionnels entraîne une grande variété des résultats, à travers les paramétrages, les catégories des mots-cibles et les mots-cibles eux-mêmes. Si nous avons pu dégager de grandes tendances concernant le paramétrage, et identifier un sous-ensemble de configurations performantes, il ne faut pas oublier que celles-ci dépendent bien entendu des caractéristiques du corpus, et ne sont pas à priori réutilisables telles quelles sur des corpus de plus grande taille, de genre différent ou moins homogènes. Certaines de ces tendances semblent rejoindre les conclusions de travaux antérieurs (Ferret, 2010), à savoir la préférence pour le cosinus et l'information mutuelle comme bases du calcul de la similarité.

En ce qui concerne les différentes catégories, les résultats pour les noms et les verbes sont encourageants : non seulement la précision globale obtenue par ces méthodes est tout à fait acceptable, mais surtout les variations entre les mots semblent aller dans le même sens que la difficulté ressentie par les annotateurs pour interpréter le sens des mots-cibles. Pour ces deux catégories, nous avons mesuré pour chaque mot la concentration des contextes syntaxiques (à savoir l'entropie normalisée des contextes dans le corpus), et observé une corrélation négative significative (sur les seuls 10 mots envisagés) avec l'accord inter-annotateurs ($r = -0,72$, $p < 0,05$). Il est donc plus facile pour le système comme pour les juges de cerner le voisinage sémantique de mots dont l'usage est régulier dans le corpus.

Le cas des adjectifs est très différent des deux autres catégories. Non seulement les résultats globaux sont nettement inférieurs, même pour les meilleures configurations, mais de plus la corrélation précédente avec la distribution des contextes n'est pas observée, et il est difficile de comprendre quels sont les phénomènes qui bloquent un traitement efficace de ce type de mots. Les deux seules pistes à ce stade sont la présence massive d'adjectifs sous-spécifiés et la pauvreté des types de contextes syntaxiques impliquant les adjectifs : il y a notamment très peu de syntagmes prépositionnels à tête adjectivale. Il devrait donc être possible d'améliorer les résultats pour les adjectifs en utilisant des contextes élargis ou en cherchant à filtrer plus sévèrement les adjectifs sous-spécifiés.

Enfin, l'observation précise des résultats permet de confirmer la variété des relations sémantiques identifiées par la méthode distributionnelle. On avait vu (section 2) que les annotateurs ne s'étaient pas limités à la seule synonymie, et les autres relations sont aussi bien (ou mal) identifiées qu'elle par les systèmes étudiés. On retrouve bien dans les résultats positifs des cas d'antonymie (*simple* et *trivial* pour *complexe*, *généraliste* pour *spécialisé*), d'hyponymie (*médical, juridique, technique*, etc. pour *spécialisé*, *algorithme* et *classifieur* pour *méthode*) et de co-hyponymie (*syntaxe* pour *sémantique*).

Cette variété est en tout cas une confirmation de la difficulté à évaluer efficacement les sorties d'une telle méthode, et du fait que nous avons mis toutes les chances de notre côté en effectuant une annotation experte à la fois sur les données et les méthodes.

5 Conclusion et perspectives

En résumé, nous avons déployé un système d'analyse distributionnelle sur le corpus des articles de TALN en faisant varier un ensemble de paramètres et en comparant les résultats avec une annotation manuelle pour 15 mots. En nous basant sur une comparaison purement quantitative, nous avons montré que les 720 combinaisons distinctes pour les 5 paramètres donnaient des résultats très variables. Cette variabilité concerne aussi bien les paramètres liés à l'exploitation des sorties de l'analyseur syntaxique que les filtrages et les choix de mesures à effectuer pour calculer la similarité distributionelle. Ceci confirme donc qu'il est important d'accorder une attention égale à chaque aspect de la chaîne de traitement, et qu'il nous reste encore de grandes marges de progression sur ce terrain.

Nous souhaitons maintenant étudier plus finement les contributions relatives des différentes relations syntaxiques impliquées, élargir la gamme des opérations de normalisation et observer leurs interactions, en suivant un protocole similaire à celui utilisé ici. Une piste intéressante concerne la difficulté d'identifier des voisins pertinents pour les adjectifs. Une des pistes consisterait alors à diversifier les contextes syntaxiques de ceux-ci pour permettre un rapprochement plus efficace. Pour les autres catégories (noms et verbes) il semble par contre que la difficulté de traitement soit directement liée à celle qu'ont rencontrée les annotateurs.

Si le choix d'utiliser d'emblée un analyseur syntaxique nous semble justifié par la taille du corpus et surtout par les possibilités d'interaction qu'il permet sur le plan de la caractérisation linguistique des contextes, nous souhaitons tout de même comparer les résultats obtenus à ceux que fournirait une méthode se basant sur la cooccurrence de surface.

Pour revenir sur les données utilisées pour l'évaluation, il est clair que la taille du corpus TALN le situe tout de même confortablement dans la zone d'application de ce type de méthodes. De même, nous avons choisi des mots-cibles dont la fréquence est suffisamment élevée pour garantir un rendement minimal même après filtrage. On pourrait donc envisager de contraindre ces deux aspects, surtout en appliquant la méthode à des mots de basses voire très basses fréquences, comme le font Périnet & Hamon (2013) dans le domaine culinaire.

De plus, nous nous sommes limités ici au cas classique de l'étude des mots simples, alors qu'un tel corpus spécialisé appelle bien évidemment la prise en compte des nombreuses unités polylexicales qui le peuplent, tant comme cibles que comme éléments de contexte.

Références

BARONI M. & LENCI A. (2010). Distributional memory : A general framework for corpus-based semantics. *Computational Linguistics*, **36**(4), 673–721.

BARONI M. & LENCI A. (2011). How we BLESSed distributional semantic evaluation. *Proceedings of the GEMS 2011, Workshop on GEometrical Models of Natural Language Semantics*, p. 1–10.

BOUDIN F. (2013). TALN Archives : une archive numérique francophone des articles de recherche en Traitement Automatique de la Langue. In *Actes de la 20e conférence sur le Traitement Automatique des Langues Naturelles (TALN'2013)*, p. 507–514, Les Sables d'Olonne, France.

FABRE C. & BOURIGAULT D. (2006). Extraction de relations sémantiques entre noms et verbes au-delà des liens morphologiques. In *Actes de la 13[e]conférence sur le Traitement Automatique de la Langue Naturelle (TALN 2006)*, Leuven, Belgique.

FERRET O. (2010). Testing semantic similarity measures for extracting synonyms from a corpus. In *7th International Conference on Language Resources and Evaluation (LREC'10)*, p. 3338–3343, Malta.

JÄRVELIN K. & KEKÄLÄINEN J. (2002). Cumulated gain-based evaluation of IR techniques. *ACM Transactions on Information Systems (TOIS)*, **20**(4), 422–446.

MORLANE-HONDÈRE F. & FABRE C. (2012). Le test de substituabilité à l'épreuve des corpus : utiliser l'analyse distributionnelle automatique pour l'étude des relations lexicales. In *Actes du 3e Congrès Mondial de Linguistique Français (CMLF 2012)*, p. 1001–1015, Lyon.

PÉRINET A. & HAMON T. (2013). Hybrid acquisition of semantic relations based on context normalization in distributional analysis. In *Proceedings of the 10th International Conference on Terminology and Artificial Intelligence (TIA2013)*, p. 113–122.

TURNEY P. & PANTEL P. (2010). From frequency to meaning : Vector space models of semantics. *Journal of Artificial Intelligence Research*, **37**(1), 141–188.

URIELI A. (2013). *Robust French syntax analysis : reconciling statistical methods and linguistic knowledge in the Talismane toolkit.* Thèse de doctorat, Université de Toulouse II le Mirail.

URIELI A. & TANGUY L. (2013). L'apport du faisceau dans l'analyse syntaxique en dépendances par transitions : études de cas avec l'analyseur Talismane. In *Actes de la 20e conférence sur le Traitement Automatique des Langues Naturelles (TALN'2013)*, p. 188–201, Les Sables d'Olonne, France.

AUTHOR INDEX